LES GUERRES
DU
RÈGNE DE LOUIS XIII
ET DE LA
MINORITÉ DE LOUIS XIV

MÉMOIRES DE JACQUES DE CHASTENET
SEIGNEUR DE PUYSÉGUR

publiés et annotés par

PH. TAMIZEY DE LARROQUE

TOME DEUXIÈME.

PARIS
LIBRAIRIE DE LA SOCIÉTÉ BIBLIOGRAPHIQUE
195 Bd. SAINT-GERMAIN, 195

1883.

LES GUERRES

DU

RÈGNE DE LOUIS XIII

ET DE LA

MINORITÉ DE LOUIS XIV.

LES GUERRES
DU
RÈGNE DE LOUIS XIII
ET DE LA
MINORITÉ DE LOUIS XIV

MÉMOIRES DE JACQUES DE CHASTENET
SEIGNEUR DE PUYSÉGUR

publiés et annotés par

PH. TAMIZEY DE LARROQUE

TOME DEUXIÈME.

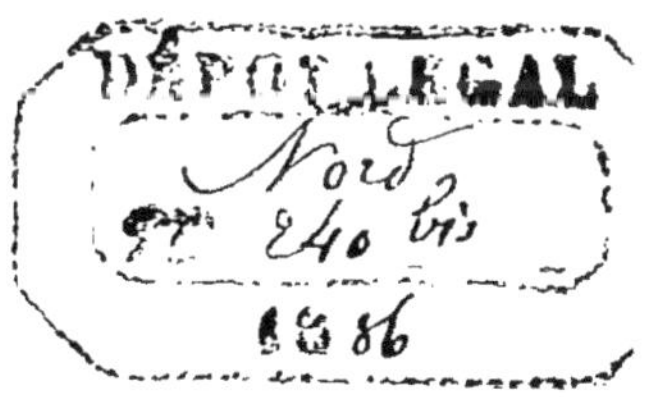

PARIS
LIBRAIRIE DE LA SOCIÉTÉ BIBLIOGRAPHIQUE
195 Bd SAINT-GERMAIN, 195

1883.

Imprimerie St-Augustin,
LILLE, rue Royale, 26 et BRUGES (Belgique.)

MÉMOIRES.

DE PUYSÉGUR.

CHAPITRE PREMIER.

(1641)

Prise de la Bassée, de Bapaume. — Le comte de Guiche est nommé maréchal de France. — Arrestation, jugement et exécution de Saint-Preuil, gouverneur d'Arras. — Éloge que Puységur fait de cet officier.

N l'an 1641, on fut avec l'armée faire des courses en Flandres aux environs de la ville de l'Ile [1], on y brûla les moulins, on prit la Bassée [2], que l'on fortifia ; et après cela on vint assiéger Bapaume, [3] que l'on prit. Le Roi étant à Peronne, envoya par Monsieur de la Meilleraye

1. Lille, chef-lieu du département du Nord.

2. Chef-lieu de canton du même département, arrondissement de Lille, à 24 kilomètres de cette ville. Le maréchal de la Meilleraye prit la Bassée, en même temps que le maréchal de Brezé prenait Lens, (chef-lieu de canton du Pas-de-Calais, arrondissement de Béthune, à 18 kilomètres d'Arras).

3. Chef-lieu de canton du Pas-de-Calais, arrondissement d'Arras, à 22 kilomètres de cette ville. La prise de Bapaume est du 18 septembre, après 8 jours de siège.

le bâton de Maréchal de France à Monsieur le Comte de Guiche [1], qui était lieutenant général de l'armée. Dans le temps que la garnison sortit de Bapaume, à qui on avait donné escorte pour la conduire à trois lieues, et de là un trompette la devait mener jusques à Douay, Monsieur de Saint-Preuil qui était gouverneur d'Arras, et qui jour et nuit était en parti, se trouva en embuscade ; et ces troupes qui étaient sorties de Bapaume, allèrent camper à quatre lieues de là, et ne voulurent pas que le trompette demeurât avec eux. Monsieur de Saint-Preuil qui était en embuscade, comme je viens de dire, dans le lieu où elles étaient, les chargea sans savoir que c'étaient celles de Bapaume, et les tailla en pièces. Monsieur le Maréchal de la Meilleraye se trouva tellement choqué de cette action, et en fit si grand bruit, que l'on résolut d'arrêter Monsieur de Saint-Preuil qui était dans Arras, où l'on fit marcher l'armée [2]. Monsieur de Saint-Preuil averti par ses amis, du dessein qu'on avait formé contre lui, laissa venir Monsieur de la Meilleraye jusques à Arras, et alla même au devant de lui [3]. Je le rencontrai, et lui dis qu'il passerait mal son temps s'il n'y prenait garde. Il me répondit, en m'embrassant, qu'il ne craignait rien, qu'il

1. Le comte de Guiche reçut le bâton de maréchal le 21 septembre. Il remplaçait alors le maréchal de Brezé, qui était parti un peu avant le siège de Bapaume pour aller, comme vice-roi, commander en Catalogne.
2. Le 24 septembre.
3. Jusqu'à l'abbaye d'Avesne.

n'avait point desservi le Roi, ni taillé exprès ces gens-là en pièces, et qu'il ne savait pas que c'était la garnison qui était sortie de Bapaume. Dans le temps qu'il allait au devant de Monsieur le Grand-Maître, cinq régiments entrèrent dans la place, et lui fut arrêté. Son régiment fut mis hors d'Arras. Deux jours après il fut conduit à Dourlans, où on le laissa pendant quelque temps, et de là mené à Amiens [1], où son procès lui fut fait. Il fut condamné non pour avoir défait la garnison de Bapaume, mais pour les impôts que l'on disait qu'il avait mis sur les entrées d'Arras de son autorité privée, et pour les grandes contributions qu'il avait tirées du pays. Il se justifiait fort bien de ces deux accusations, et faisait voir qu'il n'avait rien pris ni levé que par ordre exprès du Roi. Il eut néanmoins la tête tranchée [2]. C'était un des plus braves et des plus hardis hommes qui aient été en France depuis plusieurs siècles, et l'un des plus libéraux et des plus généreux.

1. Le 29 septembre.
2. Le samedi 9 novembre. Les détails abondent dans les recueils périodiques et dans les mémoires du temps sur l'affaire de Saint-Preuil. On en trouve un ample récit dans Le Vassor (t. VI, p. 347-352) et surtout dans le P. Griffet (t. III, p. 333-342). Ni l'un ni l'autre de ces historiens n'a oublié de signaler l'important témoignage de Puységur.

CHAPITRE II.

(1642-1643)

Le roi part pour Perpignan. — Les ennemis s'emparent de Lens, et ils assiègent la Bassée. — Les deux armées du comte d'Harcourt et du comte de Guiche vont secourir cette ville. — Conseil de guerre tenu, sous la présidence du comte d'Harcourt, pour savoir si l'on attaquerait les retranchements établis par les ennemis devant la Bassée. — Opinion de Puységur. — Avec le comte de Guiche, Puységur va reconnaître la position des ennemis au milieu des coups de mousquet. — Reddition de la Bassée. — Séparation des deux armées françaises. — Combat d'Honnecourt livré par le comte de Guiche malgré les conseils de Puységur et ceux de Rantzau. — Puységur est fait prisonnier. — Son entretien avec le général vainqueur, don Francisco de Mello. — Puységur, pendant sa captivité à Béthune, qui dura une année, transmet de nombreux renseignements au comte de Guiche à Arras et en reçoit plusieurs lettres. — Mort de Richelieu. — Mort de Louis XIII. — Puységur sort de prison et est reçu pas la reine-régente qui lui adresse de bonnes paroles. — Nouveaux détails sur la bataille d'Honnecourt

L'ANNÉE suivante le Roi partit [1] pour aller à Perpignan [2], et laissa deux armées du côté de deçà, savoir la grande à Monsieur le Comte d'Harcourt, composée de dix-huit mille

---

1. Ce fut le 25 janvier 1642 que Louis XIII partit pour aller en Roussillon.
2. Chef-lieu du département des Pyrénées-Orientales.

hommes ; et l'autre au Maréchal de Guiche, composée de dix à onze mille hommes [1]. Les ennemis prirent Lens au commencement de la campagne [2]. Il y avait pour gouverneur dans cette place un nommé Danisy, qui était d'auprès de la Fère, lequel passait pour un vaillant homme, mais il n'avait pas toute l'expérience requise et nécessaire pour bien défendre une ville. Lens fut pris en peu de temps [3]. L'armée de Monsieur de Guiche était près de Saint-Quentin, et celle de Monsieur le Comte d'Harcourt, proche de Péronne. Dans le temps qu'ils résolurent d'aller secourir Lens, ils eurent nouvelles qu'il était pris, et que cette prise avait été faite par un petit corps séparé de l'armée, le restant étant campé devant la Bassée, où était Monsieur de Bourdonnet gouverneur, qui avait son régiment dans la place avec celui de la Marine, et encore deux autres, outre les Suisses. Il avait bien trois mille cinq cents soldats dans sa place, sans les officiers. Les ennemis se dépêchèrent de se retrancher devant la Bassée pour se couvrir du côté de France ; chacun sait qu'il n'y a que deux mille cinq cents toises de travail à faire, pour tenir d'un marais à l'autre. Nos généraux se mirent en

1. Le Vassor t. VI, (p. 477) dit de ces armées : « On ne les fait pas communément si nombreuses, mais Puységur paraît plus croyable. » Le Vassor a d'autant mieux fait d'adopter les chiffres de Puységur, qu'on les retrouve à peu près dans les *Mémoires* du maréchal de Gramont (20,000 et 10,000).
2. Le 19 avril.
3. Le second jour du siège.

devoir de secourir la Bassée. Les équipages de l'artillerie n'étaient pas encore arrivés. On n'était qu'au commencement de la campagne. Nous marchâmes avec les deux armées [1], jusques à Souché, à trois lieues d'Arras [2], dont le gouverneur donna six pièces de canon. On les attela avec quelques chevaux de brasseurs de la ville, et quelques autres chevaux de vivandiers. Ils arrivèrent à Souché. Monsieur le Comte d'Harcourt fit assembler le conseil, et me dit qu'il voulait que j'y fusse. Je n'en avais pas le dessein, parce qu'étant le dernier officier, c'était à moi à parler le premier, je ne voulais pas que les autres suivissent mon avis, j'avais à me garder de Monsieur le Cardinal. Les Maréchaux de camp de cette armée, étaient Messieurs de la Ferté, de Vaubecourt, de Gassion, de Gesvres, de Courcelles, de Lenoncourt et de Rantzau [3] ; ce dernier n'était pas encore venu. Auparavant l'entrée du conseil, j'avais eu l'entretien de tous ces Messieurs, les uns après les autres, et qui tous ne croyaient pas que la chose fût faisable, et me disaient qu'ils n'étaient pas d'avis qu'on y allât, ni qu'on attaquât les lignes. Je me persuadai qu'ils me disaient cela, afin qu'opinant le premier, je fusse de cet avis ; cela me fortifia encore davantage, dans le

1. La jonction des deux armées s'était faite le 24 avril.

2. Souchez, commune du Pas-de-Calais, arrondissement d'Arras, canton de Vimy, à 12 kilomètres d'Arras.

3. Sur tous ces maréchaux de camp, qui presque tous du reste ont déjà figuré ici, voir l'inappréciable recueil de Pinard.

dessein que j'avais de ne me pas trouver à ce conseil. Messieurs les généraux mirent en question, si l'on attaquerait les lignes ou non. Le premier qui opina, fut Monsieur le Marquis de Gesvres, qui dit qu'il les fallait attaquer ; les autres crurent qu'ils ne passeraient pas pour braves, s'ils n'étaient du même avis, c'est pourquoi ils en furent tous [1]. Poignant, capitaine des gardes de Monsieur le Comte d'Harcourt ouvrit la porte de la chambre où se tenait le conseil, et dit à Monsieur le Comte: Voilà Puységur. On me fit entrer, et il me dit : Nous vous avons demandé, d'où vient que vous n'êtes pas venu plus tôt ? Je lui fis réponse que je n'avais pu. Il me dit : Tous ces Messieurs les Maréchaux de camp, sont d'avis qu'il faut attaquer les lignes ; que répondez-vous à cela, ils ont leurs raisons, quel est votre sentiment ? — Mon sentiment, lui dis-je, Monsieur, ne servirait plus de rien, si le plus grand nombre des voix l'emporte. Il me répondit : Cela ne va pas ainsi, les généraux prennent l'avis des officiers et maréchaux de camp, mais quand ils trouvent que la chose n'est pas faisable, ils ne sont pas toujours obligés de les suivre, mais dites-nous le vôtre. — C'est, Monsieur, de marcher avec toute

1. Pas tous, s'il faut en croire l'abbé de Pure (*Vie du maréchal de Gassion*, Amsterdam, 1696, 4 tomes in-12). Cet abbé prétend que son héros insista beaucoup pour que l'on attaquât, et que même, choqué de la résistance qu'il rencontrait, il s'écria qu'il était surpris de voir le comte d'Harcourt écouter de timides conseils, après avoir montré tant d'intrépidité en Piémont, et que les diables de Flandre qu'il paraissait tant redouter, n'étaient pas plus noirs que ceux d'Italie, qu'il avait si bien vaincus.

l'armée jusques à la portée du canon des lignes, et les bien faire reconnaître ; et si on trouve lieu de donner, on donnera. Il me répondit : Je crois que c'est le mieux que l'on puisse faire. Il n'était que neuf heures quand le conseil finit. Nous partîmes à onze avec l'armée et arrivâmes entre trois et quatre devant la Bassée. Nous nous mîmes en bataille si près de la ligne, que le canon y tua l'enseigne de la compagnie de Monsieur de Gardeleu [1], frère de Monsieur le Marquis de Gesvres. Je dis à Monsieur le Maréchal de Guiche, je m'en vais reconnaître la ligne, si vous le trouvez bon, et vous en ferai un fidèle rapport. Il me répondit qu'il voulait venir avec moi, et qu'il la voulait voir. Je lui repartis que ce n'était pas la fonction d'un général d'aller reconnaître une ligne, mais il le voulut absolument. Je lui dis : Il est bien malaisé que vous la voyiez, à moins qu'on ne vous tue, car votre vue ne porte pas bien loin. Il y vint néanmoins. On tira sur nous bien des coups de mousquet [2]. Je reconnus que la ligne était de douze ou treize pieds de large, et de neuf à dix pieds de profondeur et le parapet si élevé qu'à peine voyait-on le bout des piques des bataillons qui étaient derrière la ligne.

1. François, marquis de Gandelus, puis, après la mort de son frère aîné (1643), marquis de Gesvres, fut tué, étant maréchal de camp, au siège de Lérida, le 27 mai 1646.

2. Il n'est rien dit de cet incident dans les *Mémoires* du Maréchal de Gramont.

Je puis dire que c'était la plus belle ligne que j'aie jamais vue ; elle avait été faite par les paysans des environs de Lille, avec leurs grands louchets [1]. Il aurait bien fallu des fascines pour la combler, et nous n'en avions pas une. Entre Souché et la Bassée, il n'y avait pas un seul arbre, outre que nous n'avions pas d'outils, ni pics ni pelles ; et des six seules pièces que nous avions il en était demeuré deux à Souché, dont l'une avait une roue de son affût rompue, et l'autre l'essieu. Monsieur le Maréchal de Guiche fut joindre Monsieur d'Harcourt, et m'ordonna de le suivre, mais je le laissai aller. Ils résolurent tous ensemble de se retirer, et les armées marchèrent durant deux jours, au bout desquels on apprit que la Bassée était rendue [2]. Monsieur le Comte marcha avec son armée vers Calais et Ardres, et Monsieur de Guiche avec la sienne, vint camper à Honnecourt [3], auquel lieu je fis le camp ; et lui dis le soir qu'il n'était pas bon pour y demeurer longtemps, que nous étions trop proche de Cambray, et que les ennemis feraient une marche vers nous, sachant bien que notre armée ne faisait qu'un tiers de la leur. Il me dit que le lendemain il verrait les choses ; ce qu'il fit. Il vit le camp, son canon arriva, il y vint des outils, il voulut

1. Sorte de bèche ou de hoyau propre à fouir la terre.
2. Le 13 mai.
3. Commune du département du Nord, arrondissement de Cambray, canton de Maruing, sur l'Escaut.

qu'on se retranchât à la tête du camp, disant que du côté de l'aile droite il y avait un bois qui la couvrait, lequel s'étendait jusques à la rivière, et que l'aîle gauche était fermée par une ravine qui allait aussi jusques à la rivière, et que nous étions campés sur une hauteur. Je lui dis que cela était vrai, mais qu'il y en avait deux auprès de nous à la portée du mousquet, qui étaient plus hautes que la nôtre, et qui la commandaient ; et que pour le bois il serait bientôt mis par terre pour faire les huttes, et pour couvrir les écuries de la cavalerie. Il me dit, cela n'importe, j'y veux demeurer. Le Comte de Fuentsaldaigne qui était gouverneur de Cambray, lui envoyait souvent des rafraîchissements, et le dernier qu'il lui envoya ce fut l'armée ennemie qui vint pour nous attaquer dans le camp. Le jour d'auparavant qu'elle y arrivât, je lui dis : Monsieur, l'armée des ennemis a passé l'Escaut, elle est de notre côté, si vous voulez, vous n'avez qu'à faire deux ponts, nous repasserons l'Escaut, et ainsi nous serons à couvert de la rivière, et pour lors les ennemis ne nous pourront rien faire. Il me dit : Non je ne le veux point, je les attendrai ici de pied ferme ; et s'ils nous attaquent, nous nous défendrons fort bien. Je lui répondis que je n'avais rien à lui dire, et que quand ils viendraient, il se faudrait bien défendre. Il eut nouvelle pendant la nuit, que les ennemis venaient. Monsieur de Rantzau arriva cette nuit-là, qui vit Monsieur le Maréchal de Guiche, et lui conseilla de faire faire deux ponts et de passer la rivière. Il lui dit : Vous avez vu Puységur ; il lui assura que non, mais que l'avis que je lui donnais était très bon. Il répondit à Monsieur de Rantzau : Vous voulez bien que je vous dise la même chose que je lui ai dite, qui est que je ne veux pas suivre cet avis, que je veux attendre les ennemis ; et que s'ils m'attaquent, je les battrai. Rantzau lui dit : Je souhaiterais que cela fût, mais j'ai peine à le croire, parce qu'ils sont deux fois plus forts que nous [1] : et puisque vous ne voulez pas suivre mon avis, vous n'avez qu'à nous donner nos postes, nous sommes trois Maréchaux de camp. Monsieur de Guiche lui dit : Courcelles est le plus ancien, il commandera l'aile droite ; vous êtes le second, vous irez à la gauche ; Lenoncourt qui est le dernier, sera au milieu, et moi j'irai et viendrai par tous les postes. Monsieur de Rantzau lui dit : Je vous assure que je serai pris ou tué, plutôt que d'abandonner le mien [2]. Les ennemis vinrent [3], et nous circonvalèrent [4] partout, tenant des deux côtés la rivière ainsi que faisait notre camp, et le front du camp.

1. Leur armée était de 27000 hommes ; celle du comte de Guiche n'était que de 11000 tout au plus, comme nous l'avons vu.
2. Rantzau fut pris, en effet, comme Puységur le dit un peu plus loin.
3. Le 26 mai.
4. Le *Dictionnaire de l'Académie*, celui de Trévoux et celui de M. Littré ne donnent pas le mot *circonvaller*. On ne trouve dans tous ces recueils que le mot *circonvallation*.

Les troupes de Beque[1] attaquèrent notre main droite, à la faveur de six pièces de canon, qui nous battaient, les unes en flanc, et les autres en tête. Notre cavalerie y fit merveilles, et repoussa les troupes de Beque par trois fois. Les ennemis de la main gauche firent effort aussi, et personne n'attaqua notre front. Les troupes qui le devaient attaquer, demeurèrent dans le fond, et n'osèrent jamais donner. A la fin les deux côtés furent forcés, le droit et le gauche, mais le plus grand effet fut au côté droit. Les ennemis y entrèrent. Notre régiment n'avait pas eu d'autre choc, que quelques coups de canon qui nous avaient tué soixante ou quatre-vingts hommes dans le bataillon. Monsieur le Maréchal de Guiche demeura des derniers, et même ne se voulait pas retirer, mais on l'y contraignit. Notre régiment fut enveloppé de tous côtés. Je fis rencontre d'un officier du régiment de Savary qui vint à moi, et me voulait tuer. Je lui dis : Vous gagnerez beaucoup plus à ne le pas faire, il n'y a rien sur moi ni sur mon habit de considérable, mais je vous payerai bonne rançon. Il me dit : Que me donneras-tu? — Mille florins, lui dis-je. — Viens, tu es mon homme, j'en ai payé autant il n'y a que dix jours, lorsque je fus pris par les troupes de Monsieur de

1. Jean, baron de Beck, un des meilleurs généraux formés par Piccolomini, s'était déjà distingué à la bataille de Thionville et devait se distinguer bientôt à la bataille de Rocroy et à celle de Lens.

Guébriant [1]. A cent pas de là nous rencontrâmes trois Irlandais qui vinrent pour m'arracher des mains du major qui me menait. Il voulut se défendre. Ils dirent qu'ils me tueraient, et que je ne serais pas son prisonnier. Je leur dis : Je vous donnerai autant comme je lui donne, qu'un de vous vienne avec nous, et que les deux autres tâchent d'en attraper d'autres. Ils me demandèrent combien je lui donnais, et me conduisirent au bagage. Les vivandiers me firent bien boire quoique je ne le voulusse pas. Le soir je fus mené au camp du Colonel Savary, qui sitôt qu'il sut que j'étais prisonnier, m'envoya chercher, et me dit : Que quoique son Major m'eût pris, j'étais son prisonnier, et non pas le sien. Je lui répondis que je ne me souciais pas de cela, pourvu qu'on se contentât de ce que j'avais promis. Il me demanda combien ? Je dis que c'était mille florins. Il répondit qu'il s'en contenterait. Je couchai cette nuit-là sous son chariot avec un nommé du Houssaut qui était lieutenant-colonel du régiment de Vervins. Le lendemain don Francisco de Melos qui était général de l'armée des Espagnols [2],

1. Le 17 janvier 1642, le Comte de Guébriant avait gagné, contre Lamboy et Merci, la bataille de Kempen où deux mille impériaux furent tués et cinq mille furent faits prisonniers. Depuis, Guébriant, devenu Maréchal de France (22 mars) s'était, toujours triomphant, dirigé vers la Westphalie.

2. Le Vassor (t. VI, p. 481) analyse une relation de la bataille de Honnecourt par don Francisco de Mellos, laquelle se trouve dans une lettre du général écrite, le 28 mai, à don Fréd. Henriquez, gouverneur de château de Milan.

commanda qu'on lui menât tous les prisonniers qu'on avait, soit officiers ou soldats, et que chacun apportât le role des noms en les menant, parce qu'il voulait payer leur rançon, et les garder pour être échangés contre ceux qui avaient été pris dans un combat donné en Catalogne par Monsieur le Maréchal de la Motte [1] ; et comme on avait pris un drapeau blanc de notre armée, don Francisco de Melos m'envoya chercher, et me le montra, disant : N'est-ce pas là le drapeau de votre régiment de Piedmont? — Je lui répondis : Non, Monsieur, ce ne l'est point. — Dites-moi la vérité, de qui est-ce donc ? Je croyais qu'il n'y eût que les vieux régiments seuls qui en portassent en France. — Je lui repartis que tous en portaient. Je vis qu'il me traitait fort civilement, je le suppliai avec instance, que dans les villes où il nous voulait mettre, il en donnât une aux officiers de Piedmont, des plus proches de la France. Il me dit qu'il le ferait, et nous mit à Béthune, où je demeurai un an entier ; et quoique j'eusse offert deux mille écus pour en sortir, je ne pus obtenir ma liberté.

Durant l'hiver que je fus prisonnier, je gagnai un capitaine walon, qui me donnait avis de tout ce qui se faisait dans les garnisons, et des forces

1. Le Comte Philippe de la Motte-Houdancourt, mort en 1657, avait battu les Espagnols dans trois combats successifs (25, 28 et 31 mars). Louis XIII, à cette occasion, lui donna le bâton de maréchal de France (2 avril).

des troupes, tant de cavalerie que d'infanterie ; et quand il leur arrivait des recrues, je le savais tous les quinze jours par son moyen, et le plus souvent toutes les semaines. J'écrivais à Monsieur le Maréchal de Guiche qui commandait dans Arras, tout ce qui se passait chez les ennemis. J'ai encore onze réponses de lui à mes lettres. Je me servais pour les porter, du frère du cocher de Monsieur le gouverneur de Béthune ; et dès aussitôt que Monsieur de Guiche les recevait, il dépêchait un courrier au Roi. Il m'écrivit une lettre, par laquelle il me marquait que Sa Majesté lui avait ordonné de me dire qu'un homme d'esprit servait son maître partout, et me mandait de continuer de donner les avis. Dans une autre il me fit savoir que le Roi avait fait retirer Monsieur Desnoyers, et que Monsieur le Tellier était à sa place [1], parce qu'il ne pouvait souffrir que le Roi résistât à ses conseils, et qu'il avait souffert de Monsieur le Cardinal d'autres choses bien plus fâcheuses. Je continuai de donner les avis que j'avais, jusqu'à ce que les ennemis eussent passé la Sambre. Je le mandai à Monsieur de Guiche, et qu'il ne fallait plus s'attendre à des nouvelles de mon côté, d'autant que celui qui me les donnait, était à l'armée.

1. Sur la disgrâce de Sublet des Noyers (avril 1643) et sur le remplacement de ce secrétaire d'Etat par Michel le Tellier, maître des requêtes et intendant de justice dans l'armée d'Italie, voir surtout les *Mémoires* de Montglat (t. II, pp. 71-73).

Le déplaisir que j'avais étant prisonnier, était de savoir que le Roi se mourait, et que je ne pouvais pas avoir l'honneur de le voir avant sa mort. J'étais bien assuré que Monsieur le Cardinal de Richelieu étant mort [1], Sa Majesté aurait fait quelque chose de considérable pour moi. Il m'avait fait garder le quartier d'Avril pour servir de maître d'hôtel, et dit qu'il n'y en aurait jamais que deux par quartier jusques après sa mort, que feu Monsieur le Prince en augmenta un troisième appelé du Perré, et qui était frère du président de Bailleul [2].

Le Roi mourut le quatorze du mois de mai de l'année 1643 et je sortis de prison le quinzième. Je n'arrivai à Paris qu'à la fin du mois de juin, où j'allai saluer la Reine, qui me reçut fort bien, me disant que le Roi lui avait dit d'avoir soin de moi comme d'un de ses bons serviteurs, dont il lui en avait donné une liste signée de sa main, dans laquelle j'étais couché des premiers ; qu'elle me promettait de faire quelque chose pour moi, et que je continuasse à servir le Roi son fils, comme j'avais fait le défunt Roi ; ce que je n'ai pas manqué de faire [3].

1. Le 4 décembre 1642.

2. Nicolas Bailleul, successivement conseiller au parlement, maître des requêtes, ambassadeur en Savoie, président au grand conseil, lieutenant civil de Paris, prévôt des marchands, président à mortier, chancelier de la reine, surintendant des finances, mort en 1652. Les *Mémoires* de Montglat, de M. de Motteville, du cardinal de Retz sont particulièrement à consulter sur le président de Bailleul.

3. Puységur va revenir d'une façon bien inattendue sur la bataille de Honnecourt.

A cette bataille il y eut quatre cents officiers de pris, tant de cavalerie que d'infanterie, et trois mille soldats ou cavaliers, avec vingt ou trente officiers de tués. Monsieur de Bouchavannes qui commandait la cavalerie, et Monsieur de Saint-Supplet, y furent aussi tués [1]. Messieurs de Rantzau, de Rocquelaure [2] et de Saint-Maigrin [3], prisonniers. Monsieur de Rambure, après avoir été fait prisonnier, fut tué par d'autres que par celui qui l'avait pris, parce qu'ils voulaient avoir part à sa rançon, et empêcher l'autre d'en avoir rien [4]. En telles occasions il fait bon promettre à tous, tant à celui qui vous tient qu'à ceux qui vous veulent avoir.

1. Le *Saint-Suplet* de Puységur est-il le même que le *Vicomte* de *Saint-Souplet* (Guillaume le Vergeur) des *Historiettes* de Tallemant des Réaux (t. VI, p. 45) ?

2. Montglat ajoute (t. II, p. 9) qu'il était « revenu depuis peu de sa prison de la bataille de Sedan.

3. Jacques de Stuer, marquis de Saint-Mégrin, tué le 2 juillet 1652 au combat de la porte Saint-Antoine, étant alors capitaine des chevau-légers de la garde du roi, colonel d'un régiment d'infanterie et d'un régiment de cavalerie qui portaient tous les deux son nom, et lieutenant général des armées du roi.

4. Charles de Rambure, frère du gouverneur de Dourlens, Jean de Rambure, tué au Siège de la Capelle en 1637.

CHAPITRE III.

(1644)

L'armée, commandée par le duc d'Orléans, se concentre aux environs de Péronne. — Siège de Gravelines. — Bon conseil donné par Puységur au commissaire de l'artillerie. — Prise de Gravelines. — Querelle entre Gassion et La Meilleraye au sujet de l'entrée de leurs troupes respectives dans la place. — Intervention de Lambert. — Construction d'un fort à Aire. — Courses de Gassion dans le pays ennemi. — Incendie au quartier général du duc d'Elbeuf. — Puységur sauve le trésor de l'armée. — Il fait construire une digue par le régiment de Molondin. — Divisions entre d'Elbeuf et Gassion. — Mort du marquis de Themines. — La reine oblige d'Elbeuf et Gassion, de retour à Paris, à se réconcilier

LE Roi étant mort au vieux château de St-Germain-en-Laye, comme nous venons de dire, le 14e jour de mai de l'année 1643, la Reine, sa veuve, amena le lendemain le nouveau Monarque à Paris, avec M. le Duc d'Anjou son frère [1], accompagné de Gaston Jean Baptiste de France,

1. Philippe, né le 21 septembre 1690, devenu duc d'Orléans à la mort de son oncle (2 février 1660).

Duc d'Orléans son oncle, et de M. le Cardinal Mazarin premier ministre d'État, où il fut reçu par les peuples avec autant de sentiment et d'acclamation de joie, qu'ils avaient témoigné de douleur le jour précédent de la perte qu'ils venaient de faire, se trouvant en quelque façon consolés de voir leur Roi dans la capitale du royaume, qui leur donnait dès lors, tout jeune qu'il était, de grandes espérances d'un règne plein de douceur et de justice, sous la sage régence de la Reine sa mère, princesse remplie de bonté naturelle pour le Roi son fils, et de piété et de vertu pour elle-même.

En 1644, le rendez-vous de l'armée de son Altesse Royale, fut aux environs de Péronne. On marcha droit aux Neuf-Fossés [1], et de là à Gravelines [2], où l'on prit deux ou trois forts qui étaient autour de la place, même le fort Philippes, qui était un grand fort royal à la portée du mousquet de Gravelines [3]. Je fus commandé de faire le campement du côté du quartier de son Altesse : nous ne pûmes pas le prendre si loin, qu'il n'y eût quelque volée de canon, qui par son

1. Le canal qui porte aujourd'hui le nom de Neuf-Fossés prend son origine à Aire-sur-la Lys et, après un parcours de 18 kilomètres, tombe, à Saint-Omer, dans l'Aa.

2. Chef-lieu de canton de l'arrondissement de Dunkerque, à 20 kilomètres de cette ville. Montglat (t. II, p. 128) nous apprend que le duc d'Orléans arriva le 1er juin devant Gravelines. De Quincy (*Histoire militaire de Louis-le-Grand*, t. I, p. 19) indique à tort le 1er juillet.

3. Ce fort, situé sur le bord de la mer, à l'embouchure de l'Aa, fut attaqué le 8 juin et fut abandonné par ses défenseurs le 13 du même mois. Le duc d'Orléans s'y logea tout aussitôt.

élévation venait tomber à coup perdu en quelque endroit du quartier. Monsieur de la Rivière [1] ne voulait pas que Monsieur y logeât. Je lui dis que si on le faisait plus loin, il n'y aurait point de sûreté pour ce quartier-là, que la ligne serait trop longue, que le canon ne voyait pas les tentes de Monsieur, et qu'ainsi il n'y avait point de hasard pour sa personne. De plus qu'il y avait un remède à cela, qui était d'envoyer un trompette dire au gouverneur de Gravelines, que c'était le quartier de son Altesse, et qu'on le priait de n'y plus tirer. Il fit réponse qu'il était bien aise d'apprendre que c'était le quartier de son Altesse, et que par le respect qu'il lui devait, il n'y tirerait plus. Après qu'on eut fait les lignes, on continua le siège. Les quartiers étaient fort incommodés, à cause de l'eau qui entrait par le moyen des écluses, dans celui de Monsieur de la Meilleraye, et dans celui de Monsieur le Maréchal de Gassion. Il y avait un nommé René Jehan, qui prenait le soin d'empêcher les eaux [2] ; mais quand il les tirait du quartier de Monsieur le Grand-Maître, elles allaient dans celui de Monsieur de Gassion, de sorte qu'il y avait toujours un des deux quartiers qui criait contre René Jehan. L'armée des

1. Louis Barbier de la Rivière, aumônier du duc d'Orléans, évêque de Langres en 1656, mort en 1670.

2. On lit dans les *Mémoires* de Montglat (t. II, p. 128) : La circonvallation fut un peu traversée par les écluses que les assiégés levèrent, qui noyèrent tout le pays ; mais ces eaux furent écoulées par l'industrie de Reniezens, Hollandais, très expérimenté en cet art.

ennemis était campée aux environs de Mardik[1], le long du canal de Dunkerque. Il nous fallait faire toutes les nuits de grands biouacs[2]. L'armée en était fort fatiguée. Les ennemis envoyèrent un secours, qui vint par les marais qui sont entre Ardres[3] et Bourbourg[4]. Ils avancèrent jusques aux fossés de la ville, et même il y entra cinquante ou soixante soldats, par le moyen de quelques petits bateaux que ceux de la ville leur donnèrent, le reste fut taillé en pièces ou pris. On faisait deux attaques, Monsieur de la Meilleraye en commandait une, dans laquelle les gardes faisaient le premier régiment ; et dans l'autre Monsieur de Gassion commandait, et Picardie était son premier régiment. Monsieur de Gassion ne trouva pas de fossé perdu devant sa contrescarpe, Monsieur de la Meilleraye en trouva un, et nous fûmes cinq jours à le passer. Le fossé étant pris, on attaqua les dehors que l'on prit aussi. Il fallut après combler le grand fossé, dans lequel la mer venait deux fois le jour. On y employa une grande quantité de fascines, qu'on apportait du Boulonnais par des vaisseaux. Comme je vis qu'on mettait tant de temps à combler ce fossé, et que le soldat ne portait qu'une

1. Mardick, chef-lieu de canton de l'arrondissement de Dunkerque, à 12 kilomètres de cette ville.

2. Le *Dictionnaire de Trévoux* donne les deux formes *biouac* et *bivouac*. Le mot a été emprunté à la langue allemande sous le règne de Louis XIII.

3. Chef-lieu de canton du Pas-de-Calais, arrondissement de Saint-Omer.

4. Chef-lieu de canton du département du Nord, arrondissement de Dunkerque.

fascine à la fois, j'en fis lier quatre ensemble ; cela nous aida beaucoup, et nous donna le moyen d'avancer autant que Monsieur de Gassion était avancé. Nous eûmes plus de deux cents hommes de tués en faisant ces ponts. Il y avait un flanc bas au bastion que Monsieur le Grand-Maître attaquait, et qui était couvert de son orillon [1], où il y avait une pièce qui assommait tous ceux qui étaient sur le pont. On ne savait comment faire pour démonter cette pièce ; c'était un nommé Dolé commissaire de l'artillerie, qui commandait une batterie de deux pièces qu'on avait faite pour tâcher de rompre cet orillon, et de démonter la pièce. Monsieur de la Meilleraye vint à la batterie, et j'y allai avec lui ; et en parlant au commissaire, il vint un coup de canon qui emporta deux hommes qui servaient à la batterie. Dolé dit qu'il avait déjà tiré plus de cent coups, sans pouvoir adresser à rencontrer le flanc. Je lui dis : Mais Dolé, si vous battiez cela en bricollant, comme on fait quand on joue à la paume. Il me répondit qu'il y avait bien des choses à dire à cela, qu'il fallait bien connaître sa poudre, et qu'il faudrait connaître la résistance que ferait la muraille ; qu'il y avait des endroits où elle était plus sourde, et d'autres où la pierre était plus sèche. Mais, lui dis-je, vous ne pouvez pas le démonter autre-

1. Epaulement qui sert à protéger l'artillerie.

ment, et je l'essayerais si j'étais à votre place. Monsieur le Grand-Maître lui fit essayer. Au premier coup qu'il tira, il donna à quatre pieds de l'embrasure ; au second, il s'en éloigna davantage. Monsieur le Grand-Maître lui commanda de tirer de cette façon-là, puis s'en alla, et me mena dîner avec lui ; et à la sortie de table, Dolé lui envoya dire que la pièce était démontée, et qu'il continuerait de tirer, de crainte que les assiégés n'en remissent une autre. Nous fûmes à la tranchée, et l'on pressa les travaux. Dès la même nuit on fit passer des mineurs sur des ponts de joncs, et on les attacha au bastion. Dans le temps que les mineurs travaillaient, on acheva de combler les fossés, on chargea les mines, et on les fit jouer. Celle de Monsieur de la Meilleraye fit un grand effet, si bien qu'on se logea sur la brèche. Les Suisses entrèrent en garde ; et du haut de la brèche jusques au bas, il y avait sept cents Suisses. On était logé sur le haut de la brèche, et si [1] les ennemis ne voulaient point se rendre, et attendirent qu'on eût mis quatre pièces de canon en batterie sur le haut, après quoi ils se rendirent [2], et sortirent [3] avec canon, armes et bagages, et furent conduits à Dunkerque, où était leur armée. Monsieur le Duc d'Orléans partit après cette prise, et s'en alla à la cour. Monsieur de la

1. Pourtant.
2. Le 28 juillet.
3. Ce fut le 29 que le gouverneur, don Fernando Solis, quitta Gravelines.

Meilleraye s'en retourna avec lui. J'avais oublié de dire que quand les ennemis eurent rendu la place, et qu'il fut question d'y faire entrer des troupes (c'est toujours au premier régiment de l'armée à y entrer) on y fit entrer les gardes. Monsieur de la Meilleraye y entra, et Monsieur de Lambert avec lui. Comme les gardes vinrent à se mettre sur la brèche du côté de l'attaque de Monsieur de Gassion, lui qui était dans la tranchée avec le régiment de Navarre, voulut faire entrer ledit régiment. Monsieur de la Meilleraye se mit en devoir de l'en empêcher, et Monsieur de Gassion s'obstina dans la résolution qu'il avait prise d'y vouloir entrer. Ils mirent tous deux la main à l'épée. Monsieur de Gassion appelant Navarre à moi, et Monsieur de la Meilleraye de son côté appelait les gardes à lui : les uns montaient par la brèche pour vouloir entrer, les autres venaient au haut de la brèche pour en défendre l'entrée, tous les deux partis ayant la mèche compassée sur le serpentin. Monsieur de Lambert arriva, qui pria ces Messieurs de ne se pas emporter, et qu'on enverrait à Monsieur le Duc d'Orléans savoir comme il désirait que la chose fût. Ils n'y voulurent entendre ni l'un ni l'autre. Monsieur de Lambert dit au régiment des Gardes, et à celui de Navarre : Messieurs vous êtes les troupes qui êtes au Roi, il ne faut pas que la mauvaise intelligence de deux généraux vous fasse couper la gorge ; c'est pourquoi je vous commande de la part du Roi, et de celle de Monsieur le Duc d'Orléans, que vous ayez à retirer vos armes, et que vous n'obéissiez plus ni à Monsieur de la Meilleraye ni à Monsieur de Gassion. Je m'en vais en donner avis à Monsieur le duc d'Orléans, afin qu'il ordonne ce qui lui plaira. En attendant il dit à Monsieur de la Meilleraye: Monsieur, je vous prie de retirer, et en dit autant à Monsieur de Gassion, lesquels furent contraints de le faire. On loua fort Monsieur Lambert de cette action, et on blâma Monsieur de Gassion d'avoir voulu entrer, puisqu'il n'y a que le premier régiment qui doit entrer dans une place conquise, quand il est assez fort pour la garder [1]. Le gouvernement fut donné à Monsieur de Grançay [2], et le commandement de l'armée à Messieurs d'Elbœuf et de Gassion, qui après avoir fait abattre les lignes, marchèrent vers Aire, où l'on fit faire un fort royal, duquel on donna le gouvernement à Monsieur de Manikan [3].

Cependant Monsieur de Gassion fit une course de quinze jours ou trois semaines dans le pays ennemi ; et pendant qu'il était dehors, le feu prit

1. Sur cette affaire, comme sur le siège de Gravelines, voir surtout les *Mémoires* de Montglat (t. II, p. 127-134).

2. Jacques Rouxcel, comte de Grancei et de Medavi, mort maréchal de France, à 78 ans, en novembre 1680.

3. Achille de Longueval, seigneur de Manicamp, lieutenant-général en 1647, gouverneur de la Fère en 1653.

à l'abbaye, dans laquelle Monsieur d'Elbœuf était logé avec tout l'argent de l'armée [1], et même celui qu'on avait envoyé pour payer les ouvriers qui travaillaient au fort. Ce feu prit vis-à-vis de la chambre où était le payeur qui avait amené la voiture ; ce que voyant, je me jetai promptement dans la chambre du payeur, avec deux sergents du régiment de Piedmont. J'enfonçai les barils dans lesquels était l'argent, et nous le jetâmes par la fenêtre, au pied de laquelle étaient Monsieur d'Elbœuf et le trésorier, et le régiment de Piedmont derrière eux en bataille. Les deux sergents et moi faillîmes à être brûlés. Après qu'on eut ramassé tout l'argent, il ne se trouva que deux mille livres de perte. Je jetai aussi la cassette du trésorier, où étaient tous ses papiers, et cent mille livres en or. Pendant le temps qu'on construisait le fort je fis faire une digue au droit de Saint-Gilles, qui subsiste encore. C'est un fort beau travail, qui n'a coûté au Roi que douze cents écus ; elle fut faite par le régiment de Molondin. Messieurs d'Elbœuf et de Gassion ne s'accordaient pas bien ensemble [2]. Monsieur de Ville-

1. Cette abbaye était, d'après Montglat (t. II, p. 135) « l'abbaye d'Uvate, poste important pour sa situation sur une hauteur entre Gravelines et Saint-Omer. » De Quincy (p. 21) donne à cette abbaye le nom de Houätte. Bazin (t. III, p. 282) l'appelle l'abbaye de Watten et dit qu'on s'en était emparé le 9 août. Watten est aujourd'hui une commune du département du Nord, sur l'Aa, dans le canton de Bourbourg. Montglat nous apprend que Manicamp fut nommé commandant de cette abbaye transformée en forteresse.

2. Les choses allèrent si loin, dit Bazin (t. III, p. 282) qu'il y eut rendez-vous pris pour tirer l'épée sous les murs d'Amiens et qu'il fallut les séparer sur le terrain du combat.

montée qui était intendant [1], et moi, nous trouvions tous les jours en peine de les mettre d'accord. Le fort étant en défense, on y laissa Monsieur de Manikan avec des troupes. Monsieur le Marquis de Themines y voulut demeurer avec le régiment de Navarre ; et deux mois après allant en parti dans le pays, il y fut tué [2]. Quand Messieurs d'Elbœuf et de Gassion furent arrivés à Paris, la Reine les fit accommoder [3]. Il y avait eu quelque appel fait à Monsieur de Gassion par Monsieur de Montdejeu [4], de la part de Monsieur d'Elbœuf.

1. François de Villemontèe, seigneur de Villenauxe et de Montaiguillon, fut maître des requêtes en 1626, intendant du Poitou en 1631, conseiller d'Etat en 1657, évêque de Saint-Malo en 1657, mort le 16 octobre 1679. Tallemant des Réaux lui a consacré une de ses *Historiettes* (t. IV, p. 346-348).

2. Pons Charles, marquis de Themines, mestre de camp du régiment de Navarre, n'était alors âgé que de 26 ans. C'était le fils unique du maréchal de Themines.

3. La *Gazette* du 24 décembre annonça que leur différend avait été composé à l'hôtel du Luxembourg, de sorte qu'ils allaient désormais décharger leur colère sur les ennemis.

4. Jean de Schulemberg, comte de Montdejeu, mort maréchal de France en mars 1671.

CHAPITRE IV.

(1645-1646)

Prise de Bourbourg, de Lillers, de Béthune. — Jonction des troupes du duc d'Orléans et du prince d'Orange sur les bords du canal de Bruges. — Prise de Lannoy. — Siège de Courtray. — Capitulation de la place. — Siège et prise de Bergues. — Puységur est nommé commandant de la place. — Siège de Mardik. — Entreprise des ennemis contre Bergues : Puységur les contraint d'y renoncer. — Capitulation de Mardik. — Le duc d'Enghien s'empare de Furnes, qu'il fortifie, et, avec l'aide de l'amiral Tromp, oblige Dunkerque à se rendre. — Dures paroles adressées par le duc d'Enghien à Gassion qui se retire à Courtray.

EN l'année 1645, Monsieur revint en Flandres pour commander l'armée. Nous prîmes Bourbourg [1], où le Baron Douan commandait [2], et Lillers [3], et Béthune [4], après quoi Monsieur se retira. Messieurs de Gassion et de Rantzau

1. Le 9 août. Voir sur le siège de Bourbourg, Montglat (t. II, p. 166), de Quincy (t. I, p. 40).

2. De Quincy (t. I, p. 40) donne au gouverneur de Bourbourg le titre de *Comte* et le nom de *Doran*.

3. Chef-lieu de canton du Pas-de-Calais, à 42 kilomètres d'Arras.

4. La reddition de Béthune est du 29 août.

commandèrent. Nous fûmes à Ether [1] et à Armentières [2], où l'on mit Monsieur du Plessis Bellière [3], et de là nous allâmes sur le canal de Bruges, pour joindre Monsieur le Prince d'Orange, qui ne le pouvait passer, attendu que les ennemis en défendaient le passage. Ce fut pour lors que Monsieur de Gassion fit attaquer un fort par ses gardes, le régiment de Piedmont en attaqua un autre, et tous les deux furent pris sans résistance, et en présence de l'écuyer de Monsieur le Prince d'Orange. L'on abattit les bords du canal d'un côté et d'autre, nos généraux passèrent avec de la cavalerie, et furent au quartier de Monsieur le Prince d'Orange, qui fut surpris de les voir. Ils résolurent qu'il viendrait passer l'Escaut et assiéger Vet, et nos soldats passèrent le canal de Bruges à la nage, pour empêcher ceux qui étaient dans le fort de se pouvoir sauver.

En 1646, le rendez-vous de l'armée de son Altesse Royale, fut aux environs de Péronne. Monsieur le Duc d'Enghien en commandait une autre, et les deux se joignirent au pont Aventin [4], et baillèrent jalousie aux places circonvoisines.

---

1. Montglat (t. II, p. 166) appelle cette localité « le bourg d'Eteire. » D'autres écrivent Eterrè.

2. Chef-lieu de canton du département du Nord, arrondissement de Lille, à 20 kilomètres de cette ville.

3. Jacques de Rongé, marquis du Plessis-Bellière, celui-là même qui commanda, en 1653, l'armée du Roussillon, et qui mourut, en 1654, dans l'expédition du duc de Guise à Naples.

4. Pont-Aventin est une commune du Pas-de-Calais, arrondissement de Béthune, canton de Lens.

On marcha droit à Launoy [1], que l'on prit, et ensuite on fut assiéger Courtray [2]. On fit la ligne de circonvallation en diligence. Les ennemis vinrent pour secourir la place, et se campèrent du côté du quartier de Monsieur de Gassion. Leur camp venait jusques auprès de celui de son Altesse Royale, sous lequel commandait Monsieur de Rantzau, qui était à la portée de la carabine. Ils s'y retranchèrent, et mirent même du canon en batterie qui battait dans nos camps, attendu que leur ligne était sur une hauteur, où l'on fut contraint de faire faire des épaulements pour mettre la cavalerie derrière. L'on ne laissa pas de continuer toujours la tranchée ; et les ennemis voyant qu'ils ne pouvaient pas entreprendre de forcer la ligne, demandèrent suspension d'armes. J'étais allé visiter les gardes, lorsqu'un trompette des ennemis fit une chamade. On envoya voir ce que c'était. Il vint, et montra son passeport en langue allemande, par lequel il demandait la suspension d'armes. Je menai ce trompette au logis de son Altesse Royale, qui était pour lors dans le conseil avec Messieurs les Maréchaux de Grammont, de Gassion et de Rantzau. Monsieur de la Rivière y était aussi. Je grattai à la porte de la chambre. Monsieur de la Rivière m'ouvrit, et

1. C'est Lannoy, village de la commune d'Auxy-le-Château, dans le département du Pas-de-Calais. Montglat (t. II, p. 190) dit que le duc d'Enghien prit le château de Lannoy après quelques volées de canon.

2. Sur le siège et la prise de Courtrai, voir Montglat (t. II, p. 190-192), Bussy-Rabutin (t. I, p. 119-121), de Quincy (t. I, p. 55-57).

me demanda ce que je voulais. Je lui dis que j'amenais un trompette des ennemis, qui venait pour demander suspension d'armes. Il se mit en colère, et me dit qu'on ne se moquait pas de son Altesse comme cela. Je lui répondis : Je ne me moque point de son Altesse. J'entrai dans le conseil, et dis à Monsieur : Voilà le passeport qui est en allemand, que votre Altesse le fasse lire à Monsieur de Rantzau, il vous dira s'il est vrai. Monsieur de Rantzau leur dit, après l'avoir lu, qu'il était vrai. Monsieur me commanda d'aller dans les quartiers, dire qu'on ne tirât point ; ce que je fis. Étant de retour, son Altesse me demanda : Qu'est-ce que cela veut dire, que les ennemis veulent suspension ? Je lui repartis : Monsieur, assurément qu'ils se veulent retirer, et se retireront une belle nuit, sans que vous puissiez vous en apercevoir. Monsieur de la Rivière, qui avait toujours grand'peur, dit qu'il voudrait qu'ils fussent déjà retirés, et qu'on ne leur eût rien fait. La place capitula deux nuits après. Les ennemis mirent deux pièces de bois dans les embrasures de leur batterie, retirèrent leur canon, et ne laissèrent qu'en deux endroits une petite pièce pour servir à l'infanterie qui faisait la retraite. On jugea sur les huit à neuf heures qu'ils se retiraient, et on fit prendre les armes dans les quartiers pour tâcher de les suivre. Leur infanterie était déjà bien avancée, parce qu'elle s'était retirée à la sourdine. La cavalerie de leur arrière-garde, se retira avec des mousquetaires qu'elle avait aux ailes des escadrons. Quand nos troupes furent sorties des lignes, et mises en bataille, les ennemis étaient déjà à deux lieues de là. Monsieur les voulut suivre avec l'armée. On marcha après eux, ayant laissé une bonne garnison dans Courtrai. Monsieur de la Rivière qui appréhendait un combat, y demeura. Nous suivîmes l'armée des ennemis jusques auprès de Bruges, où l'on fit un passage sur le canal. Le fils de Monsieur le Prince d'Orange [1], vint voir Monsieur dans son quartier, et y coucha. Le lendemain il retourna trouver son père, et revint au quartier de son Altesse Royale, où il fut résolu de donner des troupes à Monsieur le Prince d'Orange, afin de faire diversion d'armes ; et après que les troupes l'eurent joint, l'armée revint vers Hester [2], et marcha à Bergues, que l'on assiégea, et que l'on prit en vingt-quatre heures [3]. L'on mit ensuite le siège devant Mardik [4], et l'on m'envoya commander dans Bergues, avec le régiment d'infanterie de Jonsac, et deux

1. Ce fils de Frédéric Henri de Nassau était Guillaume II de Nassau qui allait l'année suivante (14 mars) succéder à son père dans la principauté d'Orange et dans le stathouderat de Hollande. Guillaume, au moment où Puységur fait de lui cette mention, était âgé de vingt ans.

2. *Hester* est sans doute la même ville qui est appelée plus haut *Ether*.

3. Chef-lieu de canton de l'arrondissement de Dunkerque, à 10 kilomètres de cette ville. La capitulation de Bergues est du 31 juillet.

4. Le 5 août. Voir beaucoup de détails sur ce siège dans Montglat (t. II, p. 195-197), dans Bussy-Rabutin (t. I, p. 125-130), dans de Quincy (t. I, p. 58-59).

compagnies suisses qu'on me donna. Pendant le siège de Mardik, qui dura quinze jours de tranchée ouverte, parce que les ennemis ayant nombre de troupes dans Dunkerque, faisaient entrer tous les jours trois mille hommes dans Mardik, lesquels après avoir fait leurs vingt-quatre heures de garde, sortaient pour s'aller rafraîchir à Dunkerque. Mais pour empêcher cela, on fit tant avec l'amiral Tromp [1], qui commandait l'armée navale des Hollandais, qu'il s'approcha si près de Mardik et du port de Dunkerque, qu'il n'en pouvait rien sortir. Dans ce temps Monsieur de Lambois [2] et le marquis de l'Aide [3], qui étaient dans Dunkerque, formèrent le dessein de me venir enlever d'emblée dans Bergues ; et sans un habitant qui m'en avertit, la chose aurait réussi comme ils l'avaient projetée. Ils devaient venir avec trois pontons, sur chacun desquels il y avait des pièces de canon, et des madriers devant les pièces pour les parer des coups de mousquet, sachant bien qu'il n'y avait qu'un seul endroit où l'on pût poser une pièce ou deux de canon pour tirer sur le canal. Ils avaient quatre mille hommes d'infanterie dans les belandres, et tout cela était

1. Sur Martin Tromp, tué en mer le 10 août 1653, voir le chapitre XVII des présents Mémoires.

2. Sur le baron Guillaume de Lamboy voir le chapitre XXII des mêmes Mémoires.

3. Bussy-Rabutin (t. I, p. 133) et Montglat (t. II, p. 201) donnent au gouverneur de Dunkerque le nom de marquis de Leyde. De Quincy (t. I, p. 61) l'appelle marquis de Lede, et ajoute qu'il s'était acquis « une grande réputation dans la défense qu'il fit à Maestrich contre Frédéric Henry de Nassau. »

sorti de Dunkerque, et venait à un fort que les ennemis tenaient entre Dunkerque et Bergues. Je n'avais pas pour lors cent hommes dans la place ; c'était environ les neuf heures du matin, parce que j'avais envoyé les autres pour faire des fascines, des pieux et des gabions. La première chose que je fis, fut de faire partir un tambour, sous prétexte d'aller trouver Madame d'Arscot, qui deux jours auparavant m'avait demandé un passeport pour envoyer à Quévocart, qui était un avocat qu'elle demandait. Je dis au tambour : Quand tu arriveras auprès du fort, on te bandera les yeux. Tu leur diras : Vous n'avez que faire de me bander, Monsieur le gouverneur sait bien que vous allez pour le prendre, et que vous avez des pontons où il y a du canon ; que vous voulez battre la muraille, qui est entre le canal et la ville, parce qu'elle est fort faible, et jeter les portes à bas. Il a bien remédié à cela, il a mis quantité de fumiers derrière les portes, et le long de la muraille du canal, et deux pièces de canon vers la butte des Capucins. Les régiments de la Marine et de Noirmoustier, sont entrés cette nuit dans Bergues, avec le régiment de cavalerie de Monsieur de Rantzau. On le mena au fort les yeux bandés. Monsieur le Marquis de l'Aide lui demanda où il allait. Monsieur, dit-il, j'ai un passeport du gouverneur pour aller à Dunkerque. Il le prit, et le lut ; et après il lui demanda ce que je faisais, si j'étais toujours bien alerte. Il lui répondit : Monsieur, je vous réponds que oui, il n'a guère dormi la nuit, il sait que vous avez dessein de le prendre, il a bien des troupes qui lui sont arrivées de l'armée. Il lui demanda quelles troupes ? (quoi qu'il l'eût bien su par celui qui lui avait mené le tambour). Il lui dit la même chose. Quand ils eurent demeuré là trois heures, ils tinrent conseil, et se retirèrent à Dunkerque. Monsieur d'Aumont qui avait intelligence dans la place, fut averti de la sortie des troupes pour venir à Bergues. Il en donna avis à Monsieur le Duc d'Orléans. Cependant il arriva à Monsieur de Rantzau deux cavaliers que je lui envoyai, par le moyen desquels je lui marquais tout le dessein des ennemis, et le besoin que j'avais de troupes pour me parer d'une insulte. Il était en réjouissance, et me manda que je ne me misse pas en peine ; que si les ennemis venaient, il serait bientôt à moi. Monsieur fit plus que cela, car il m'envoya les régiments de la Marine et de Noirmoustier, comme je les avais nommés, sans savoir néanmoins si on me les enverrait, avec le régiment de cavalerie de Monsieur de Rantzau. Monsieur de Noirmoustier [1] arriva la nuit suivante sur la minuit, qui conduisait ces troupes. On me les

1. Louis de la Tremouille, marquis, puis duc de Noirmoustiers, né en 1612, mort en 1666, un des officiers généraux qui se distinguèrent le plus dans la guerre de Flandre. Il en est parlé dans presque tous les mémoires du temps, notamment dans ceux de Mme de Motteville et du cardinal de Retz.

laissa trois jours durant, au bout desquels elles se retirèrent, et Mardik se rendit, où ils furent faits prisonniers de guerre, parce qu'ils ne pouvaient plus avoir de vivres, rien ne sortant de Dunkerque. Après la prise de cette place, son Altesse Royale s'en retourna à Paris, et en fit donner le gouvernement à Monsieur de Clanleu [1].

Monsieur le Duc d'Enghien, après avoir rasé les lignes autour du fort de Mardik, passa par Bergues, et demeura deux ou trois jours à Honscaut [2], et de là prit Furnes [3], qu'il fortifia. Il y mit pour gouverneur un nommé le Boucquet [4] avec son régiment d'infanterie, et revint droit à Dunkerque, qu'il assiégea. Il eut bien de la peine à le prendre, la saison étant fort avancée. Il y avait beaucoup de malades et de blessés dans l'armée : tous ces gens-là venaient dans Bergues, où l'air était si infecté, qu'on faisait de grands trous, dans lesquels on en mettait vingt-cinq ou trente à la fois. C'était sur la fin du mois de septembre, qui est le temps où les vents sont les plus

1. Bertrand d'Ostoue de Clanleu, maréchal de camp le 10 mars 1646, tué pendant la Fronde, étant gouverneur de Charenton, au combat du même nom, le 8 février 1649, et sur lequel on peut consulter les mémoires de Bussy-Rabutin, de Mme de Motteville, du cardinal de Retz, etc. Montglat (t. II, p. 197) et de Quincy (t. I, p. 63) nomment le gouverneur de Mardick *Chanleu*. Desormeaux, mieux informé (*Histoire de Louis de Bourbon, prince de Condé*, t. I, p. 368) l'appelle le Marquis de Clanleu.

2. Hondschoote, chef-lieu de canton du département du Nord, dans l'arrondissement de Dunkerque, à 23 kilomètres de cette ville.

3. Furnes se rendit au duc d'Enghien le 7 septembre.

4. Montglat (t. II, p. 200) appelle ce commandant de Furnes *Le Boquet*. Bussy-Rabutin (t. I, p. 131) rapporte que le duc d'Enghien « fit faire de grands travaux à Furnes, poste qui valait bien la peine d'être fortifié et dont il fit avoir le gouvernement à Chavagnac le Bosquet. »

grands, et la mer la plus haute; cela dura jusques à la mi-octobre. L'amiral Tromp se voulait retirer avec ses vaisseaux, ayant reçu ordre de Messieurs les États de le faire ; mais Monsieur le Prince, soit par amitié ou par l'argent qu'il lui donna, le sut si bien ménager, qu'il le fit demeurer. Il se mit avec quatre grands vaisseaux sur l'embouchure du canal, de sorte que Monsieur le Marquis de l'Aide fut obligé de se rendre, étant hors d'espérance de secours de mer ni de terre. Il eut une capitulation aussi avantageuse qu'il la pouvait souhaiter, et il sortit avec beaucoup de canon [1]. Il y avait un article dans la capitulation, qui portait qu'on se rendrait réciproquement les prisonniers qui avaient été pris de part et d'autre pendant le siège. Monsieur le Marquis de l'Aide passant au milieu de l'armée, où était Monsieur le Prince, après l'avoir salué, Monsieur le Prince lui témoigna beaucoup d'amitié et d'estime, l'embrassa, et lui demanda : Monsieur, vous a-t-on rendu les prisonniers qu'on vous a pris ? Il répondit qu'il en restait encore six à rendre, qui avaient été pris par les gens de Monsieur de Gassion ; cela fâcha Monsieur le Prince. Il ap-

1. La ville de Dunkerque avait été investie le 17 septembre. Le gouverneur capitula conditionnellement le 7 octobre, et le duc d'Enghien entra dans la place le 12 du même mois. M. Bazin (t. II, p. 338) dit à ce sujet : « Les hommes de guerre qui nous ont laissé des mémoires, Puységur, Sirot, Bussy, tous trois présents au siège, n'en parlent que comme d'une action ordinaire, où ils ne signalent ni beaucoup de difficultés, ni beaucoup de périls. » Rappelons que l'on doit à Sarasin une *Relation du siège de Dunkerque* (1649, in-4°).

pela Monsieur de Gassion, et lui demanda pourquoi il n'avait pas rendu ces soldats ? Il dit cela avec assez de fierté. Monsieur de Gassion lui répondit aussi un peu fièrement. Monsieur le Prince se tourna vers lui, et lui dit : Monsieur de Gassion, rendez les prisonniers que vous avez, et les rendez tout présentement ; quand je commande quelque chose, je veux qu'on m'obéisse, et vous ferai obéir, aussi bien que le dernier homme de l'armée. Cela choqua fort Monsieur de Gassion [1]. Le lendemain il prit une partie de son régiment de cavalerie, et s'en alla dans Courtrai. Monsieur le Prince fit mettre une bonne et forte garnison dans Dunkerque. Monsieur de Rantzau en fut fait gouverneur, et on joignit le gouvernement de Bergues à celui de Dunkerque, parce que Dunkerque est de la châtellenie de Bergues ; et que de tout temps immémorial, ceux qui ont commandé dans Bergues, ont toujours été maîtres de l'écluse qui tient aux portes de Dunkerque, qui est celle par laquelle on fait entrer la mer pour inonder tout le pays quand on le veut. Monsieur le Prince se retira avec l'armée vers Cassel ; on en détacha des troupes, et l'on mit deux grands convois dans Courtrai.

1 Montglat (t. II, p. 202-203) raconte la querelle de la même façon à peu près. Seulement il attribue à Gassion la réponse que voici : « Le Maréchal enragé d'un si mauvais traitement, ne put s'empêcher de lui dire, qu'au moins dans son malheur il était heureux de ce qu'il ne pouvait lui ôter l'honneur du gain de la bataille de Rocroy. » Désormeaux (*Histoire de Condé*, t. I, p. 393) a cru devoir adopter la version de Puységur, ajoutant que Gassion était « l'homme le plus fier et le plus sensible du royaume. »

CHAPITRE V.

(1647)

L'armée de Flandres est commandée par les maréchaux de Gassion et de Rantzau. — Les ennemis prennent Armentières. — Brouille de Gassion et de Rantzau. — Le duc d'Orléans les raccommode. — Les ennemis assiègent Landrecies. — Prise de Dixmude et du fort de Laquenoc par l'armée française. — Puységur est nommé commandant de Dixmude, et il fortifie cette place. — Gassion s'empare en deux jours de la Bassée. — Puységur est remplacé à Dixmude par M. de Clanleu et va rejoindre Rantzau. — Mort de Gassion et de la Feuillade. — Prise de Dixmude par les ennemis. — Regrets de Mazarin de ce que Puységur n'était pas resté dans cette place pour la défendre.

L'ANNÉE suivante 1647, on donna le commandement de l'armée de Flandres à Messieurs les maréchaux de Gassion et de Rantzau. Les ennemis se mirent en campagne de bonne heure, et assiégèrent Armentières [1]. Messieurs les généraux marchèrent pour la secourir,

1. L'Archiduc Léopold investit Armentières le 11 mai.

mais ils ne le purent. La ville fut prise [1], et tout ce qui était dedans fut fait prisonnier de guerre. Messieurs de Gassion et de Rantzau se brouillèrent ensemble [2]. Il fallut que son Altesse Royale les accommodât [3]; et pour cet effet elle vint jusques à Dourlans [4]. Les ennemis assiégèrent Landrecy [5]. Monsieur d'Eudicourt qui en était gouverneur [6] la défendit. Ils firent leurs lignes fort bonnes et bien fortes. Il vint un ordre à nos deux généraux d'aller secourir la place, nous marchâmes jusques à Horn [7] et Castillon [8]. Aussitôt que nous fûmes arrivés, on fit faire quantité de fascines pour combler les lignes, et on donna l'ordre pour les attaquer sur la minuit. Tous les gens commandés étant détachés des bataillons, s'apprêtèrent pour marcher. Monsieur de Gassion se retira en une des maisons de Castillon, où en

1. Le Plessis-Bellière, gouverneur de la place, capitula le 31. Voir sur le siège d'Armentières Montglat (t II, p. 253-234), de Quincy (t. I, p. 18), etc.

2. Montglat (t. II, p. 239) assure, lui aussi, que les maréchaux de Gassion et de Rantzau étaient en si mauvaise intelligence, « que les affaires ne pouvaient bien réussir, qu'ils étaient toujours de contraire avis l'un à l'autre, et que chacun d'eux ne faisait autre chose qu'écrire à la cour pour décrier la conduite de son compagnon et justifier la sienne. »

3. Montglat (t. II, p. 235) prétend que ce fut le maréchal de Villeroy qui vint parler aux deux maréchaux de la part du cardinal et « tant par douceur que par menace les réconcilia et leur fit promettre de mieux vivre à l'avenir. » M. Bazin (t. III, p. 352) a préféré le récit de Montglat à celui de Puységur.

4. Nous avons déjà vu (chapitre XXI) que c'est aujourd'hui Doullens.

5. La ville de Landrecies fut investie le 27 juin, d'après Montglat, le 28 d'après de Quincy. Cette ville se rendit le 18 juillet. De Quincy (t. I. p. 79) indique à tort le 12 du même mois.

6. Montglat le nomme *Hudicour* et donne force détails sur lui (t. II, p. 237-238). De Quincy (t. I, p. 79) l'appelle le marquis d'*Endecour*.

7. Peut-être Hornaing, commune du département du Nord, arrondissement de Douai, à 20 kilomètres de cette ville, à 40 kilomètres de Lille.

8. C'est Catillon, ville du département du Nord, sur la Sambre, dans l'arrondissement et à 34 kilomètres de Cambrai.

une demi-heure il fit son testament, duquel on s'est servi à sa mort [1]. En ce temps-là Monsieur de l'Anglée maréchal des logis, camps et armées du Roi [2], arriva, et vint loger dans ma tente. Il portait ordre de ne point attaquer les lignes, mais bien d'envoyer un homme dans la place, dire à Monsieur d'Eudicourt qu'il tînt le plus longtemps qu'il pourrait. Ordre à Monsieur de Rantzau de marcher du côté de la mer, pour voir s'il ne pourrait pas surprendre quelque place dégarnie, et à Monsieur de Gassion de s'aller poster vers Lille. Monsieur de Rantzau marcha depuis Landrecy jusques à Dixmude [3], à travers le pays. Nous y arrivâmes en quatre jours et demi, nous prîmes la place en vingt-quatre heures [4], où il me mit pour y commander, et le régiment de Piedmont en garnison. Nous prîmes aussi le fort de Laquenoc [5], et nous nous rendîmes maîtres de tous les canaux, où sont les guindailles [6] pour passer les bateaux qui viennent de Dunkerque, et nous nous rendîmes maîtres de ces canaux, faisant passer nos soldats à la

1. Voir sur ce testament Tallemant des Réaux (*Historiettes*, t. IV, p. 187). L'abbé de Pure n'en dit rien dans la vie de son héros.

2. Bussy-Rabutin (*Mémoires*, t. I, p. 240) mentionne ce « Langlée, maréchal des logis général de France. »

3. Ville de Belgique, à 13 kilomètres de Furnes.

4. En 48 heures, s'il fallait en croire Montglat (t. II, p. 237). Montglat met la prise de Dixmude au 13 juillet. De Quincy (t. I, p. 80) la met au 15, et M. Bazin aussi (t. III, p. 353).

5. Montglat (t. II, p. 237) écrit *La Kenoke* et de Quincy (t. I, p. 80) *La Kenoque*.

6. On dit aujourd'hui *Guindal*. Cest un terme de marine. Le guindal est une machine qui sert à hisser.

nage, ayant leurs fusils attachés derrière le dos.

Durant ce temps-là Monsieur de Gassion prit la Bassée en deux jours [1], et moi je fis fortifier Dixmude, et y fis faire une belle et bonne contrescarpe bien palissadée. Monsieur de Rantzau vint voir en quel état était la place, et Monsieur de Bergeret [2] l'alla trouver, pour savoir quelles contributions on pourrait prendre à cause de Dixmude. Il se trouva, après avoir bien cherché, qu'il n'y avait rien au deçà du canal de Bruges qui ne fît des contributions aux Français ; et au delà du canal, tout contribuait aux Hollandais. Après cela Monsieur de Rantzau voulut faire une entreprise sur Ypres [3], mais on ne la fit pas. Il y a une chose à remarquer à Dixmude, que c'est un des plus beaux postes du monde pour y faire une bonne place. Il y a un pont sur le canal qui va à Laquenoc, qui a plus de soixante pieds de long ; et lorsque vous ôtez un verouil du lieu où il est attaché, il est sur des pivots du côté de la ville ; pour peu que vous le touchiez il tourne, et se range de l'autre côté du canal ; et avec une grosse chaîne et un cadenas, vous l'attachez. Il y a une demi-lune au bout de ce pont au delà du canal, où on tenait vingt hom-

1. Cette ville, dont il a été déjà question dans le chapitre XXIII, fut investie le 16 juillet. Les assiégés capitulèrent le 19.

2. Jacob de Gassion, Seigneur de Bergeré, maréchal des camps et armées du roi, frère aîné du maréchal mort peu de temps après lui (1647).

3. Ville de Belgique, à 46 kilomètres de Bruges.

mes en garde pendant la nuit. Le lendemain comme on ouvrait les portes de la ville, on allait à ce pont, un homme se mettait dessus, et un autre le poussait, et il se remettait à sa place. Tous les chariots et les plus gros canons passaient dessus. Ce tournement de pont se faisait à cause du passage des belandres, pour aller au Sas de Bourginguen.

Au commencement de novembre il y avait quantité de vins à Nieuport [1], que les marchands avaient fait arriver. On m'offrit deux pistoles pour le passage de chaque pièce. Il y en avait plus de cinq mille. J'envoyai avertir monsieur de Rantzau de l'offre qu'on me faisait. Il m'écrivit une lettre, par laquelle il me manda qu'il ne voulait point qu'on en laissât passer aucune ; que si ces marchands voulaient, il en laisserait sortir de Dunkerque pour aller à Ypres et dans le pays. Je leur montrai la lettre. Ils me dirent qu'ils n'osaient, et que leur vin serait confisqué ; ainsi ce marché ne se put faire, dont je fus bien fâché, sachant bien que Monsieur de Rantzau m'en aurait donné un tiers ou un quart. Il avait si bien fait auprès de Monsieur le cardinal Mazarin, qu'il lui avait promis de tirer Clanleu de Mardik, et qu'il lui en donnerait le gouvernement, ce qui fut fait. Celui de Dixmude fut

1. Ville de Belgique, à 10 kilomètres d'Ostende.

donné à Monsieur de Clanleu, qui en vint prendre possession. Je dis à Monsieur de Rantzau : Monsieur de Clanleu aura les deux pistoles que l'on me veut donner de chaque pièce de vin qui est à Nieuport. Il me dit qu'il ne les aurait point, qu'il commandait dans toutes les places conquises, qu'il dirait à Desloges lieutenant au régiment de Piedmont, qui était dans Laquenoc, de ne rien laisser passer. Je lui dis que Laquenoc dépendait du gouvernement de Dixmude, et qu'il faudrait qu'il obéît à ses ordres. Monsieur de Clanleu me pria de vouloir faire un tour sur le rempart avec lui ; ce que je fis volontiers. Je lui fis voir douze pièces de canon, et tous les corps de gardes que l'on posait la nuit et le jour. Je lui donnai aussi l'inventaire de toutes les munitions, tant de vivres que de guerre, en la présence du commissaire de l'artillerie qui demeurait dans la place. Je lui dis que tout ce qui était dans le mémoire, contenait vérité. Je signai le billet, que je mis entre ses mains, et le commissaire m'en signa un autre, qui portait que je lui avais laissé ce qui était écrit dans le mien, et celui des vivres, des blés et des farines qu'il avait dans ce temps-là. Monsieur de Rantzau partait pour aller à Furnes. J'étais pressé d'aller avec lui, crainte d'être pris étant seul. Monsieur de Clanleu me pria de lui dire ce qu'il fallait faire pour conserver la place. Je lui dis qu'en l'état où étaient les affaires, le moyen de la bien conserver, était de prier les Rois de France et d'Espagne, de ne l'en vouloir pas tirer ; que le premier qui voudrait qu'il en sortît, l'en sortirait. J'allai joindre en diligence Monsieur de Rantzau qui était à un quart de lieue de Furnes, où étant arrivé, j'aperçus un courrier du Roi, qui portait ordre à Monsieur de Rantzau d'aller commander l'armée de Monsieur le maréchal de Gassion, qui était au siège de Lens, où il avait été si fort blessé [1], qu'il mourut quinze jours après sa blessure [2] dans la ville d'Arras, où il s'était fait porter. Monsieur de la Feuillade fut aussi tué à ce siège [3]. Je sortis de Dixmude le jeudi, et le lundi d'après les ennemis l'assiégèrent, et le prirent en neuf jours. Monsieur le cardinal témoigna d'être fâché de ce que Monsieur de Rantzau m'avait mené avec lui, et de ce que je n'étais pas demeuré à Dixmude avec le régiment.

1. Ce fut le 28 septembre, et non le 27, comme on l'a dit dans *l'Art de vérifier les dates* (t. VI, p. 264), que Gassion reçut devant Lens un coup de mousquet à la tête en s'efforçant d'arracher un pieu de la palissade qui défendait le chemin couvert.

2. Erreur qui a été répétée par plusieurs historiens, notamment par de Quincy (t. I, p. 81). Gassion mourut le 2 octobre, cinq jours après avoir été blessé.

3. Léon d'Aubusson, comte de la Feuillade, lieutenant général des armées du roi, tué sans alliance, non à *la bataille de Lens*, comme l'avancent les rédacteurs du *Dictionnaire* de Moréri, mais *au siège de Lens*, siège qui précéda de plus de dix mois la bataille.

CHAPITRE VI.

(1648)

Siège d'Ypres par le prince de Condé. — Les ennemis s'emparent de Courtrai. — Puységur commande provisoirement dans Ypres. — Son entretien avec le prince de Condé en présence du maréchal de Gramont. — Engagement que prennent Condé et Puységur de ne jamais se séparer durant la guerre. — Insuccès de l'entreprise faite par Rantzau sur Ostende. — Puységur reçoit de Condé un ordre pour commander l'armée en l'absence de Rantzau malade à Dunkerque. — Son entrevue avec ce dernier. — Il fait travailler au fort de Laquenoc, puis se retire à Bergues en passant par Honscaut. — Il assiste au siège de Furnes. — Blessure de Condé. — Puységur décide les défenseurs de Furnes à capituler. — Il vient à Paris pour y remplir les fonctions de maître d'hôtel du Roi.

EN l'année 1648, Monsieur le Prince commanda l'armée, et vint pour assiéger Ypres[1]. Les troupes qui étaient du côté de la mer, eurent ordre de le joindre. Monsieur de Rantzau les commandait. Il m'envoya dire que j'allasse avec

1. Condé arriva devant Ypres le 12 mai, suivant Montglat (t. II, p. 273), le 13 mai, suivant de Quincy (t. I, p. 94) et Desormeaux (t. II, p. 35). Ce dernier prodigue les détails sur le siège d'Ypres (p. 31-45).

le régiment de Piedmont,et trois autres régiments d'infanterie, faire un pont pour passer l'armée, et aller à Ypres ; ce que je fis. Cinq régiments de cavalerie, me vinrent joindre au passage de la rivière qui venait du Boulonnais. Monsieur de Rantzau prit deux cents chevaux et cent mousquetaires et marcha droit à Ypres. Il alla loger à une lieue et demie de la place, où il arriva vers la minuit. J'allai avec les troupes loger à Voistou, où j'arrivai fort tard. C'est un fort beau lieu, où il y a les plus belles allées et les plus belles issues que l'on voit dans pas une des maisons de Flandres. Madame la Comtesse de Voistou qui était une fort belle femme, me vint prier de ne pas loger chez elle. J'eus grand déplaisir de ne lui avoir pu accorder sa demande, mais nous n'y demeurâmes que quatre heures. Il était dix heures du soir quand nous y arrivâmes, et j'en partis à deux heures du matin. Elle appréhendait qu'on ne coupât ses arbres, et qu'on ne ruinât quelque maison ; ce qui lui causa pendant le temps que nous fûmes-là, une grande inquiétude. Le matin elle vint voir toutes les troupes, et fut bien aise de ce qu'on n'avait fait aucun dégât sur ses terres. Elle me fit cent compliments et cent amitiés, et me dit qu'elle voyait bien que nous allions à Ypres, qu'elle me priait d'avoir soin de sa maison quand nous y serions ; ce que je lui promis de faire, en cas que nous entrassions dans la ville.

Je marchai avec l'armée, et nous arrivâmes à huit heures du matin devant Ypres, où l'armée de Monsieur le Prince se rendit à la même heure [1]. Le quartier de Monsieur de Rantzau était du côté de Flammartin, séparé des trois autres quartiers par le canal qui vient du Sas de Bouginguen. Monsieur le Prince avait un grand quartier. Monsieur de Palluau qui était gouverneur de Courtrai fut nommé lieutenant général cette année-là [2], et eut ordre de servir dans l'armée devant Ypres, afin d'avoir l'honneur de commander au quartier qui portât son nom. Il tira de Courtrai trois mille hommes des meilleurs qu'il eût dans sa garnison qu'il mena au camp, et servit au préjudice de Monsieur de la Ferté Imbault, qui était ancien lieutenant général [3]. Il eut un quartier qui porta son nom, comme il l'avait souhaité, mais il lui coûta bonne.

Pendant le siège d'Ypres les ennemis attaquèrent Courtrai, qu'ils prirent d'emblée [4], et assiégèrent la citadelle, où il y avait un bâtardeau qui était joint aux remparts de la ville, et qui retenait l'eau du fossé de la citadelle. Ils saignèrent le fossé, et l'eau se vida. Les soldats du

1. Desormeaux (t. II, p. 35) dit à 2 heures du matin, et de Quincy (t. I, p, 92) à 5 heures du matin.
2. Philippe de Clerembault, comte de Palluau, lieutenant général le 2 mars 1648, maréchal de France le 24 août 1652, mort le 24 avril 1665.
3. Jacques d'Estampes, marquis de la Ferté-Imbault, maréchal de France le 5 janvier 1651, mort à 78 ans le 20 mai 1668.
4. Le 18 mai. Les auteurs de *l'Art de vérifier les dates* ont eu le tort de dire que l'archiduc Léopold surprit et emporta Courtrai le *19 avril*.

dedans, qui n'étaient que des recrues, ne voulurent point se défendre. Ils furent faits tous prisonniers de guerre [1]. Le Rasle qui était lieutenant de roi, fut pris [2], et un capitaine de Picardie qui commandait dans la citadelle. Tout le restant des officiers fut pris aussi. Ypres se rendit trois jours après. La reine avait promis à Monsieur le Prince d'en donner le gouvernement à Monsieur de Chastillon [3]. Dans cette croyance Monsieur le Prince me fit prier par Monsieur le Maréchal de Grammont de vouloir demeurer dans la place pour y commander, puis Monsieur le Prince m'en pria lui-même, et me dit que ce serait le plus grand plaisir que je lui pourrais jamais faire, et que je n'y demeurerais qu'autant de temps que je le voudrais ; et comme je me défendais d'être lieutenant de roi sous personne, ayant refusé à Monsieur de Rantzau de l'être sous lui dans Bergues, il me dit que Monsieur de Chastillon n'y serait que rarement. Je lui répondis que ce n'était pas cette raison-là qui m'en empêchait : Vous dites que vous voulez m'avoir cette obligation, une personne comme moi doit être bien aise de trouver occasion d'obliger un prince de votre condition et de votre naissance. Je lui dis que j'y demeurais. Il me

1. La citadelle capitula le 20 mai.
2. Desormeaux (t. II, p. 39) l'appelle « officier de réputation. »
3. Gaspard de Coligny, marquis d'Andelot, duc de Châtillon, lieutenant-général des armées du roi, mourut, agé de 38 ans, à Vincennes, le 9 février 1649, d'un coup de mousquet reçu à l'attaque de Charenton.

donna dans la place cinq mille hommes de pied, soldats effectifs, et tous portant armes, avec trois cents chevaux. J'entrai dedans, et commandai la garnison. Monsieur le Prince me défendit d'y laisser entrer personne de l'armée, mais seulement les vivandiers qui auraient passeport de celui qui commandait le régiment. Le jour même que j'y entrai, il se fit une gageure dans l'armée des ennemis du triple contre le simple, l'un disait que je n'y commanderais pas ; celui qui gageait le triple contre le simple, soutenait que j'y commanderais ; et disait pour ses raisons qu'on me mettait toujours dans les places pour établir les garnisons, et à commander dans celles qui étaient de conséquence. Le trompette qui vint avec son passeport, dans lequel était écrit le sujet de son voyage, savoir la gageure, s'en retourna tout aussitôt. Monsieur le Maréchal de Grammont fit mettre sur le passeport, que celui qui avait gagé que je commanderais dans sa place, avait gagné, d'autant qu'il était bien vrai que j'y commandais. Trois jours après Monsieur le Prince envoya dès les cinq heures du matin ses officiers pour lui apprêter à dîner ; c'était le lendemain de la Fête-Dieu. Il se trouva tant de soldats devant la porte de la ville, qu'il me fut impossible de pouvoir faire entrer ses gens, les soldats et les autres personnes qui étaient là, ne se voulant pas retirer. Je faisais une garde fort exacte dans la place. Je n'avais pas encore désarmé les habitants qui étaient en grand nombre, je les avais vus à la procession du saint Sacrement le jour précédent, où ils étaient plus de seize à dix-huit mille hommes, tous gens bien faits. Je fis redoubler la garde dans tous les coins des rues, et mis des sentinelles éloignées de vingt pas les unes des autres. J'ouvris la porte, et laissai entrer ce qui était devant, et par ce moyen les officiers de Monsieur le Prince lui accommodèrent à dîner dans l'Évêché, quoiqu'il eût ordonné qu'on l'apprêtât chez moi. Le logis n'était pas assez grand, c'était le logis de Madame la comtesse de Voistou, où elle était aussi logée. Lorsque Monsieur le Prince fut entré, il me demanda pourquoi j'avais ouvert la porte à tous ces gens de l'armée, puisqu'il me l'avait défendu ; et me dit : Vous répondrez du désordre si l'on en fait. Je lui répliquai que très volontiers, et que j'avais si bien posé ma garde, que je n'appréhendais rien ; que lorsque ceux de l'armée y seraient entrés, et qu'ils auraient acheté ce qu'ils auraient de besoin, ils ne viendraient pas tous les jours devant les portes pour entrer dans la ville, et qu'ils demeureraient dans leurs quartiers. Monsieur le Prince témoigna qu'il était satisfait de ce que je lui dis, et par bonheur il n'arriva point de désordre. Son Altesse continuait quasi tous les jours à venir dîner dans la ville. J'avais oublié de dire que Monsieur le

Maréchal de Rantzau s'était retiré de l'armée, à cause qu'il n'avait pas une attaque, et que ses troupes n'entraient point en garde à la tranchée. Monsieur le Prince me laissa le commandement de tout le quartier de Monsieur de Rantzau, qui contenait le tiers de la circonvallation de la ville. Les ennemis vinrent deux fois pour y jeter un secours ; mais par le moyen de la bonne garde que nous faisions, ils s'en retournèrent, s'étant contentés de donner l'alarme sans nous oser enfoncer. Je crois pourtant que s'ils l'eussent entrepris, ils y auraient pu réussir. Monsieur de Rantzau étant arrivé à Ypres, vint loger chez moi, et Monsieur le Prince le pria de lui donner à dîner. Tout leur dessein n'était que pour voir Madame la Comtesse de Voistou.

Quelque temps après Monsieur le Prince recevant dîner dans la ville, comme il était à l'Évêché, un courrier arriva, qui lui apportait des lettres de la reine, par lesquelles elle lui mandait qu'elle était bien fâchée de ne pouvoir accorder le gouvernement d'Ypres à Monsieur de Chastillon, ainsi qu'elle lui avait promis, parce qu'elle était obligée de le donner à Monsieur de Palluau, attendu que Courtrai n'avait point été perdu par sa faute, mais qu'elle envoyait la commission pour moi, pour y commander en qualité de lieutenant de roi. Cette nouvelle surprit fort Monsieur le Prince. Il n'y avait dans le cabinet où il la reçut, que Monsieur le maréchal de Grammont et moi. Il s'emporta fort contre Monsieur le cardinal Mazarin, et même contre Monsieur de Palluau ; et me dit : Puységur, voilà votre patente pour commander ici en qualité de lieutenant de Roi. Je lui répondis: Monsieur, je n'y demeurerai pas, s'il vous plaît, lieutenant de Roi, puisque Monsieur de Chastillon n'en est pas gouverneur. Monsieur le Prince me repartit. Il faut que vous le fassiez, c'est ici une place d'importance, où l'on a besoin d'un homme de tête comme vous êtes ; ces peuples-ci vous aiment, il est absolument nécessaire que vous y demeuriez. Je le priai de souffrir que je n'y demeurasse point, n'en ayant accepté l'emploi que pour l'obliger lui seul, et parce qu'il l'avait ainsi souhaité. Il me dit en me regardant fixement. Es-tu bien résolu à cela ? — Oui, Monsieur, lui dis-je, je le suis. Il me répondit : Tu croyais donc que j'étais désobligé, mais je t'assure que je t'ai bien plus d'obligation de ce que tu n'y veux pas demeurer, que si tu acceptais la commission que la Reine t'envoie : mais je désire qu'en présence de Monsieur de Grammont que voilà, nous fassions un mariage ensemble, et si je veux que tu me le promettes, et que tu me le jures. Il me prit la main et me la serra ; et moi tenant aussi la sienne, il me dit : Dis comme moi : Je promets à Monsieur le Prince de le suivre et d'aller partout où il ira à la guerre, et de ne l'abandonner jamais. Et moi je promets aussi à Puységur, que partout où j'irai à la guerre, je le mènerai toujours avec moi, et que nous ne nous séparerons jamais. Je lui répliquai: Monsieur, trouvez bon, s'il vous plaît, que mon serment soit conditionné, que ce sera seulement pendant le temps que vous commanderez les armées du Roi ; et que, si par malheur vous veniez à avoir quelque démêlé avec sa Majesté, je ne vous suivrai pas. Il dit qu'il voulait très volontiers que cette clause y fût apposée. Dix jours après il reçut l'ordre de la cour, de donner à Monsieur de Rantzau deux mille hommes de pied pour une entreprise qu'il avait faite sur Ostende, conduite par quelques habitants de Dunkerque, mais qu'il fallait que ce fût des meilleurs hommes qu'il eût. Monsieur le prince me demanda si Monsieur de Rantzau ne m'avait point parlé de cette entreprise. Je lui répondis que non, quoiqu'il fût vrai qu'il m'en eût parlé, mais il m'avait défendu de lui en parler. Monsieur le Prince me demanda aussi ce que je croyais de cette entreprise. Je lui dis que je la tenais très difficile, quand il fallait s'embarquer sur la mer, avoir affaire aux vents et à la marée, et à des frégates que ces gens-là tiennent toujours avancées du côté de Dunkerque pour leur donner avis s'il arrive des barques. Je suis de ton avis, me dit-il, écris à celui qui commande le régiment de Piedmont, qu'il lui donne six cents des meilleurs hommes qu'il ait. Je lui dis : Monsieur, pour vous montrer qu'on ne lui en baillera pas de mauvais, j'ordonnerai par ma lettre qu'on mette le régiment en bataille, et que les officiers qui seront commandés, les choisissent. J'ai pourtant grand regret, lui dis-je, de voir perdre six cents bons hommes du régiment de Piedmont, car je suis assuré qu'ils seront tous tués ou faits prisonniers. — Hé bien, dit-il, après demain nous devons marcher avec les troupes pour faire semblant d'aller assiéger Dixmude, afin d'y attirer les garnisons qui sont à Nieuport et à Ostende ; et pour cet effet il nous marqua qu'il fallait être le surlendemain à un village appelé Homen, et qui est à trois quarts de lieue de Dixmude. Tu sais bien où est ce village-là, toi qui as commandé dans la ville. Nous partîmes le même jour qui était marqué dans le mémoire de Monsieur de Rantzau, et fîmes feinte de prendre les quartiers autour, et nous y demeurâmes deux nuits. Nous y apprîmes le désordre qui y était arrivé. Il se trouva par malheur pour le régiment de Piedmont, que tous les soldats et officiers étaient débarqués, et qu'ils furent tous pris, même les soldats qui étaient dans quatre ou cinq barques qui échouèrent, après que la mer se fut retirée.

Je sortis d'Ypres pour aller avec Monsieur le prince, et quittai Monsieur de Palluau fort en colère contre moi, de ce que je n'avais pas voulu demeurer. On y mit Beaujeu [1] pour commander à ma place. Monsieur de Rantzau ayant appris que Monsieur le Prince me voulait emmener avec lui, lui écrivit, et lui manda que puisqu'il me retirait de son armée, il n'en voulait plus le commandement et que l'on y mît qui l'on voudrait pour commander à sa place ; que j'étais le seul officier qu'il connût en France capable de le soulager, lui qui était incommodé, qui ne marchait qu'avec une béquille, et que quand j'étais avec lui, il ne se mettait en peine de rien. Monsieur le Prince lui envoya dire qu'il choisît dans l'armée tel Maréchal de camp qu'il voudrait, qu'il le lui donnerait. Il fit réponse qu'il n'en voulait point, qu'il ne commanderait point l'armée, et que l'on y mît qui l'on voudrait. Monsieur le Prince me dit là-dessus : Puységur, il faut achever cette campagne sans que nous nous joignions ensemble, Monsieur de Rantzau ne veut point d'autre officier que toi. Il me dit ensuite: Je me suis fait apporter les noms des maîtres d'hôtel, j'y ai vu le tien, si tu veux, je te donnerai le quartier d'octobre. Vous ferez, lui dis-je, ce qu'il vous plaira. Après il dit: Le quartier d'octobre sera bientôt, et la campagne ne sera pas finie, c'est pourquoi je te donnerai celui de janvier ; ce qu'il vous plaira, Monsieur. Les troupes de Monsieur de Rantzau étaient à Laquenoc où l'on

1. Bussy-Rabutin (*Mémoires*, t. I, p. 124 et p. 352) parle, à propos de deux duels, de ce « capitaine de cavalerie dans le régiment de Grancé, depuis mort en Flandre, lieutenant-général. »

faisait faire un fort. Monsieur le Prince m'y envoya et me donna un ordre signé de lui pour commander l'armée en l'absence de Monsieur de Rantzau. Je partis pour aller à Laquenoc, et Monsieur le Prince s'en alla camper vers le Castelet et Honnecourt. Je fus voir Monsieur de Rantzau à Dunkerque qui était malade. Il me fit cent amitiés, et me voulut donner un chiffre, pour me pouvoir faire entendre les choses qu'il souhaiterait de moi. Je demeurai d'accord avec lui de ne point prendre de chiffre, et que toutes les choses que je lui demanderais, seraient celles dont j'aurais besoin dans l'armée et dans les places. Je fis travailler au fort. Il eut nouvelle que les ennemis venaient. Il appréhendait de perdre sa cavalerie, et me manda de lui envoyer Monsieur d'Esclinvilliers qui la commandait [1]. Je le lui envoyai et le bagage demeura dans le camp avec l'infanterie. Les ennemis qui venaient pour me forcer dans le camp et dans le fort de Laquenoc, croyaient que je n'avais rien de tout ce qu'il me fallait pour me défendre, que je manquais de canons et de munitions; mais j'écrivis à Monsieur de Rantzau, que ma joie avait été grande, quand je vis arriver les huit pièces de canon et les munitions de

1. Timoléon de Sericourt, marquis d'Esclainvilliers, maréchal de camp le 15 mars 1649. Bussy-Rabutin (*Mémoires* t. I, p. 348) nous fait très bien connaître le personnage qui commandait en 1653 la cavalerie de l'armée de Turenne. « Bon et brave gentilhomme, fort capable de cet emploi, soigneux et vigilant au dernier point, etc. » Il devint en 1656 commissaire général de la cavalerie, et il mourut peu de temps après, ajoute Bussy (t. II, p. 26) « perdu de débauches ».

guerre, et les farines qu'il m'avait envoyées ; qu'il ne fût plus en peine de moi, que j'appréhendais plus qu'ils attaquassent Furnes que ma place, quoi que je n'y eusse envoyé cent hommes de son armée commandés par Desloges. Les ennemis prirent ma lettre, et encore un duplicata que j'envoyai depuis. Il ne leur était pas malaisé de prendre ces gens-là, puisque je leur avais ordonné de se laisser prendre. La moitié de l'armée des ennemis alla assiéger Furnes, et l'autre s'alla camper entre Honscaut et Laquenoc, à la main gauche du canal. Dans ce temps-là je n'avais de vivres que pour peu de jours. Il me fallait neuf mille rations par chaque journée. J'envoyai à Ypres avertir Monsieur de Palluau que les ennemis assiégeaient Furnes, et qu'il ne pouvait rien venir du côté de Dunkerque. Il me fit donner trois pièces de canon et des munitions de guerre suffisantes pour un siège de quinze jours ; mais il ne m'envoya des vivres que pour deux, et me fit savoir qu'il n'en pouvait pas envoyer davantage ; ce qui me fit résoudre de me retirer du fort de Laquenoc avec le corps d'infanterie que j'avais, pour m'en aller à Bergues joindre Monsieur de Rantzau qui y était avec la cavalerie. Je laissai pour commander dans Laquenoc le sieur de Longuebrune capitaine dans le régiment de Piedmont avec quatre cents hommes détachés des troupes que j'avais, six capitaines, autant de lieutenants et enseignes, et lui laissai les farines que l'on m'avait envoyées pour deux jours, et qui suffisaient pour un mois à sa garnison. Je ne dis mot à aucun de ceux qui commandaient les troupes, je ne fis que défendre d'aller au fourrage, et que personne ne sortît du camp. Je partis en plein midi pour me retirer, et j'arrivai vis-à-vis de leur armée. Il n'était pas plus d'une heure. Leur cavalerie et leurs soldats étaient tous allés au fourrage ou à la petite guerre. En me retirant je passai sur une digue, qui va quasi toujours jusqu'auprès de Honscaut. Je faisais marcher un sergent devant moi avec vingt hommes, un lieutenant et un enseigne avec quarante, un capitaine, un lieutenant et un enseigne, qui soutenaient ces gens-là avec soixante hommes. Après cela je faisais marcher trois charrettes, afin que, si les ennemis venaient pour charger mes hommes détachés, les charrettes se tournassent sur la digue pour fermer le passage, et que ces hommes se missent à couvert. Je faisais aussi marcher ensuite les régiments d'infanterie à quatre de front, savoir deux files de mousquets à droite et deux à gauche, et les charrettes dans le milieu de ces quatre files-là, dont les premiers portaient des fascines pour jeter dans les trous des mauvais chemins. Quand je fus arrivé proche de Honscaut, où il y avait une plaine d'environ deux cents pas à passer, sans être à couvert de la main gauche, qui était le côté où leur armée se trouvait campée; et leur cavalerie s'avançant pour venir à moi, je couvris mon aile gauche des charrettes, et les mousquetaires les défendaient ; ce qui fit qu'elle n'osa jamais m'enfoncer, et ainsi j'entrai dans Honscaut, et je barricadai toutes les avenues, par où les ennemis auraient pu venir m'attaquer, puis je me mis en bataille dans la place et dans toutes les rues qui y aboutissaient. Je fis défenses aux troupes d'entrer dans aucun logis ; ce qui fut exécuté fort ponctuellement. Je fis distribuer de la bière à chaque soldat avec un peu de fromage, et envoyai ordre aussitôt aux habitants de quatre villages qui sont sur le chemin de Honscaut à Bergues, qu'ils eussent à raccommoder ce chemin, afin qu'on y pût passer aisément. Je donnai aussi avis à Monsieur de Rantzau, comme j'étais à Honscaut, que je serais le lendemain à neuf heures à Bergues. Sitôt qu'il eut reçu mon billet, il fit monter à cheval toute la cavalerie pour venir au-devant de moi. Monsieur d'Esclainvilliers qui la commandait, arriva à quatre heures du matin. Je lui dis qu'il n'avait qu'à s'en retourner, que je n'avais pas besoin de cavalerie pour me retirer de Honscaut jusqu'à Bergues. Je lui demandai si en venant, il avait trouvé qu'on travaillât au chemin. Il me dit qu'ils étaient tous raccommodés, que les paysans des villages attendaient que je passasse, disant qu'ils voulaient voir leur bon gouvernement. Il s'en retourna, et je lui donnai deux cents mousquetaires, dans la crainte que j'avais que passant par un pays couvert, les ennemis n'eussent dressé quelque embuscade. Je marchai et le suivis, me fortifiant de cinq cents mousquetaires à la queue de mes troupes. Comme j'arrivais auprès de Bergues, Monsieur de Rantzau vint au-devant de moi, et fit mettre toute sa cavalerie en bataille, et de la joie qu'il avait de me voir, il fit faire une décharge de l'artillerie, et autant de la cavalerie. Je me trouvai obligé de faire faire trois salves à mon infanterie. Il me dit en m'embrassant qu'il y avait deux jours qu'il ne faisait que pleurer, de la crainte qu'il avait eue de perdre toute son infanterie, qu'il était si aise de la voir, et de ce que j'avais ramené le bagage, qu'il s'en allait dépêcher un courrier à la cour, pour lui apprendre cette nouvelle, et qu'il fallait que nous allassions dîner ensemble, et boire le petit coup à la santé du bon retour de l'infanterie. Il eut nouvelles le lendemain que Furnes était rendu [1], et Monsieur du Boquet qui en était gouverneur, arriva le jour suivant à midi avec toute la garnison.

Trois semaines après que les ennemis se furent retirés d'autour de Furnes, Monsieur le Prince envoya ordre à Monsieur de Rantzau de l'aller assiéger ; et comme la saison était avancée, Monsieur de Rantzau en faisait quelque difficulté ;

1. Furnes se rendit aux Espagnols le 4 août.

néanmoins il en eut un second ordre ; auquel il obéit, et y alla ; et après avoir investi la place [1], le mauvais temps nous ayant pris, il écrivit une lettre à Monsieur le Prince ; et en la datant, il mit au bas, du camp de Furnes, ou auprès de Furnes, comme il vous plaira. Cela fâcha Monsieur le Prince, qui était vers le Castelet. Il prit la cavalerie d'Herlac [2], et s'en vint à Furnes [3], passa par Laquenoc, et arriva au camp sur les neuf heures du matin par une très grande pluie. Je venais de la tranchée, et comme j'allais au logis de Monsieur de Rantzau pour parler à lui, je fus étonné de sentir un homme qui m'embrassait la tête par derrière. Je commençai à dire, ne sachant qui c'était : Mon Dieu laissez-moi là, vous voyez bien que je suis tout mouillé, je n'ai pas envie de faire de rire ; et comme plus je disais qu'on me laissât, et plus je sentais qu'on me serrait la tête, je fis un effort pour m'échapper, prêt à dire des injures. En me tournant je vis que c'était Monsieur le Prince. Je lui dis : Qui vous eût cru ici, Monsieur, et que venez-vous faire ? — Ton général, me dit-il, m'a écrit une lettre qui m'y a fait venir. Il me la date du camp de Furnes ou près de Furnes ; et comme il est important

1. La place fut investie le 27 août.
2. Jean Mouis, comte d'Erlach, né à Berne, en 1595, successivement lieutenant de Gustave-Adolphe et du duc Bernard de Saxe-Weimar, mourut au commencement de l'année 1650 dans la ville de Brisach dont il était gouverneur. Il avait été nommé maréchal de France le 23 janvier 1650, trois jours avant sa mort.
3. Condé arriva devant Furnes le 4 septembre.

de prendre cette place, pour maintenir Dunkerque et Laquenoc, j'y suis venu en résolution de la faire prendre. — Je crois, Monsieur, lui dis-je, s'il cesse de pleuvoir, que dans deux jours nous l'aurons prise. Il me demanda si Monsieur de Rantzau était chez lui. Je m'en allais voir s'il y était, quand il descendit à la porte du logis de mon dit sieur de Rantzau, qui était allé à la tranchée. Il demanda à déjeuner, et on lui en fit donner. Il me dit : J'ai envoyé Arnault [1] avec un trompette pour leur dire que j'étais arrivé, et que je voulais qu'ils se rendissent. Après qu'il eut déjeuné, il me dit qu'il s'en allait à la tranchée, qu'en attendant, je campasse les troupes de Monsieur d'Herlac, et que je les campasse autour de la place. Les eaux étaient si grandes, et le pays si inondé, qu'on ne trouvait pas un seul endroit où l'on pût camper cinquante cavaliers ensemble sur un lieu sec. Retournant de montrer le camp à ces troupes, je trouvai Monsieur le Prince que l'on rapportait blessé d'un coup de mousquet sur le plat de la cuisse ; et sans un repli de son buffle qui s'était fait sur le bout de la fente de derrière, assurément qu'il aurait eu la cuisse cassée, et qu'il en serait mort [2]. Les chirurgiens travail-

1. Ce doit être le maréchal de camp de ce nom mentionné, sous les années 1647-1648 dans les *Mémoires* de Bussy-Rabutin (t. I, p. 147, 162.)

2. Montglat dit à peu près la même chose (t. II, p. 281) : « Donnant ses ordres dans la tranchée, il reçut un coup de mousquet, qui lui perça son colet de bufle et le blessa sans péril dans la tranchée. » Le passage des *Mémoires* de Puységur relatif à la blessure de Condé a été cité dans *l'Histoire généalogique des grands officiers de la couronne* (t I, édition de 1726, p. 338).

lèrent en diligence, et lui donnèrent quantité de coups de bistouri sur le coup qu'il avait reçu. Voyant que Monsieur Arnault qu'il avait envoyé avec un trompette pour faire rendre la ville, ne revenait point, il me dit : Puységur, je te prie d'y aller toi-même, et tâche à les faire rendre. Je lui demandai quel traité il voulait que je fisse. Il me répondit : Le moins bon que tu pourras ; et s'il les pouvait avoir prisonniers de guerre, qu'il en serait bien aise. Je pris le trompette de la compagnie des gens-d'armes de Monsieur de Longueville [1], et m'en allai droit à la ville, à la porte de Dunkerque. Après que le trompette eut fait la chamade, que j'eus dit mon nom, et le sujet qui me menait là, le capitaine qui était en garde, envoya avertir Monsieur le gouverneur, qui commanda aussitôt qu'on me fît entrer. Personne n'avait voulu parler à Monsieur Arnault, même on l'avait menacé que s'il ne se retirait de gré, on le ferait bien retirer de force. Étant arrivé chez le gouverneur, je le saluai, et lui dis que je venais de la part de Monsieur le Prince lui dire qu'il eût à rendre la place, ou qu'autrement il les forcerait et les ferait passer tous au fil de l'épée ; et comme c'était une affaire qui regardait aussi bien les officiers que lui, je le priai de les faire venir, c'est-à-dire ceux qui n'étaient pas du côté de l'attaque,

1. Henri d'Orléans, duc de Longueville, né en 1595, mort en 1663, le beau-frère du prince de Condé.

et que je leur parlerais tout devant lui ; que je serais fort aise que Monsieur de Grémin, qui était bailly et bourgmestre, y fît venir quelques magistrats du corps de ville ; ce qu'il fit. On en envoya chercher quatre, qui vinrent en même temps que les officiers. Je commençai de leur dire que Monsieur le Prince étant venu à la tranchée, avait été blessé d'un coup qui n'était pas mortel, mais qui lui causait une grande douleur ; et comme il avait vu la tranchée avancée au point qu'elle l'était, et qu'il ne fallait que quatre heures de beau temps pour sécher la terre, laquelle étant sèche, il serait facile de monter, il se résolvait, s'ils ne se rendaient, de les emporter de force, et de ne leur faire aucun quartier. Ils me répondirent qu'ils étaient fâchés de la blessure de Monsieur le Prince, et qu'ils se rendraient si on leur voulait faire bonne composition. Je leur dis que le temps d'avoir bonne composition était passé, qu'ils l'auraient pu avoir auparavant la prise de la demi-lune, dont on était maître, et d'une partie des dehors, que tout le monde s'étonnait comme quoi ils avaient pu tenir si longtemps. Je leur dis encore qu'il ne fallait pas qu'un gouverneur fût si opiniâtre que de vouloir pour une place comme Furnes, perdre de si braves gens comme il y en avait là. Ils me répondirent : Monsieur, quelle capitulation nous veut-on faire ? Je leur repartis que je n'avais point d'autre ordre à leur proposer, que de les faire tous prisonniers de guerre ; qu'ils pouvaient se mettre dans une chambre pour en consulter, ou bien que je descendrais en bas, afin qu'un chacun d'eux pût opiner librement ; que c'était une affaire qui les regardait chacun en particulier et en général ; qu'ils avaient quasi tous famille, et qu'ils vissent ce qu'ils avaient envie de faire, car il était fort tard, et il fallait que je m'en retournasse ; qu'il y avait déjà quelque temps qu'il faisait beau, que les terres séchaient, et que nous pourrions bien cette nuit emporter la place. Ils me présentèrent du vin et un jambon, pour boire et manger. Je bus avec Monsieur Grémin, et les quatre magistrats. Ils employèrent bien une bonne demi-heure à tenir conseil, au bout de laquelle ils me vinrent dire qu'ils aimaient mieux mourir tous, que de se rendre prisonniers de guerre. Je leur dis : Vous aurez dans peu d'heures, ce que vous souhaitez, qui est de mourir, assurément que vous serez forcés, et ainsi vous aurez contentement. Toute autre capitulation, me dirent-ils, qu'il plaira à Monsieur le Prince, nous la recevrons. Je leur répondis, en me tournant vers Grémin et les magistrats : Je ne plains que les habitants qui seront pillés dans la chaude, et peut-être leurs femmes violées et la ville brûlée, car ce sont les accidents qui arrivent pour l'ordinaire quand on prend une place de force. Voyez, Messieurs, si vous êtes bien résolus à souffrir cela. Ils medirent que oui. Je leur repartis: Je m'en retourne donc. Grémin me dit : Monsieur, je vous prie, cherchez un milieu, faites en sorte qu'on ne nous force pas. Je lui dis: Quel milieu pourrais-je trouver à cela ? j'ai bien du déplaisir de voir perdre de si braves gens comme sont ces Messieurs, qui se perdent par opiniâtreté, et non pas par raison ; mais faisons mieux, faisons qu'ils se rendent ôtages de guerre, pour être échangés avec ceux du régiment de Piedmont qui ont été pris devant Ostende. Ils furent de rechef tenir conseil sur cette proposition, et consentirent de se rendre ôtages de guerre, pour être échangés contre les officiers de Piedmont. Je pris trois officiers pour être menés à Monsieur le Prince, deux pour servir d'ôtages et le troisième pour porter la capitulation au gouverneur pour la signer. Ils me promirent de mettre la porte de la ville dès le soir même, entre les mains des troupes de l'armée. En arrivant au logis de Monsieur le Prince, je laissai mes trois capitaines dans la salle, et entrai dans la chambre. Il me dit, hé bien, Puységur, qu'as-tu fait ? — Monsieur : Lui répondis-je, j'ai fait la capitulation, et je vous amène des ôtages. — Sont-ils prisonniers de guerre, me repartit-il ? La porte de la chambre était ouverte, les ôtages entendaient fort bien ce qu'il me demandait, parce que le lit était fort près de la porte. Non, Monsieur, lui dis-je, ils ne sont pas prisonniers de guerre. — Je souffre bien du mal à cause de cela, dit Monsieur le Prince, et voudrais bien qu'ils le fussent. Qu'as-tu donc fait? — Ils sont ôtages de guerre, pour être échangés contre les officiers de Piedmont qui ont été pris à Ostende. Il répliqua encore : Je suis marri qu'ils ne sont pas prisonniers de guerre. Je m'approchai de son lit, et lui dis tout bas : Hé, Monsieur, n'est-ce pas l'être, que d'être pris et gardés pour être échangés contre les autres? On permit à leurs enfants de s'en aller, et on leur donna des bateaux pour être conduits à Nieuport avec les malades et les blessés. Le major de la place alla avec un capitaine porter la capitulation, pour faire l'échange ; mais les généraux d'Espagne leur répondirent qu'ils ne voudraient pas avoir changé le moindre soldat de ceux qu'ils avaient fait prisonniers à Ostende, pour le plus brave des officiers qui étaient pris à Furnes ; qu'ils n'étaient que des coquins, et qu'ils méritaient d'être pendus. L'on remit Monsieur du Boquet avec son régiment dans la place, et Monsieur le Prince s'en retourna, et ramena les troupes qu'il avait amenées avec lui ; et quelque temps après [1] il donna la bataille de Lens, et puis les troupes allèrent en quartier d'hiver, et moi je vins à Paris, et entrai en quartier de maître d'hôtel le premier jour de l'année 1649. Les deux autres maîtres qui

1. Le 20 août 1648.

servirent avec moi, furent Esmond, capitaine aux gardes, et Bout-du-Bois, lieutenant colonel au régiment de Persan [1].

1. Bussy-Rabutin (t. I, p. 61) mentionne, à la date de 1639, un Bout-du-Bois, capitaine dans le régiment de Saint-Luc.

CHAPITRE VII.

(1649)

Puységur quitte Paris pour se rendre à Saint-Germain, où le roi et la reine, sa mère, s'étaient refugiés. — Turenne passe du côté des Frondeurs. — Rantzau est emprisonné à Vincennes. — D'Elbeuf offre à Puységur cent mille écus s'il veut se jeter avec lui dans Paris. — Puységur refuse d'abandonner le roi. — La reine et Mazarin chargent Puységur de se mettre à la tête de la noblesse et des communes de Champagne et de garder la rivière de Marne, il se rend à Epernay pour s'opposer au passage de l'armée de Turenne. — Après la paix de Paris, Puységur assiste au siège de Cambrai. — Son opinion dans le conseil de guerre présidé par le comte d'Harcourt. — Ses vains efforts pour que le siège ne soit pas levé. — L'armée va camper au Cateau-Cambresis où le cardinal Mazarin vient la rejoindre. — Entretien de Puységur avec le cardinal. — Puységur fait construire un pont sur l'Escaut et assiste à la prise des villes de Condé, de Bossu et de plusieurs châteaux des environs.

LE sixième jour de janvier de la même année 1649, le Roi et la Reine sortirent de Paris la nuit, et s'en allèrent à Saint-Germain. On ferma les portes de la ville, et l'on empêcha les chariots et mulets du Roi de sortir. Paris était en grand murmure. Je m'en allai par la porte de Montmartre pour gagner Saint-Germain, où je vis dîner le Roi, qui n'avait point de meubles [1]. L'armée d'Allemagne eut un ordre exprès de venir trouver Sa Majesté, pour mettre les Parisiens à la raison ; et comme on s'aperçut que Monsieur de Turenne, qui la commandait, prenait la parti de ceux de Paris, avec Monsieur de Bouillon son frère, et que l'on disait que les Allemands se révoltaient faute de payement, on fit ce qu'on put pour leur faire tenir de l'argent, et Monsieur Hernart y fut qui leur en porta [2] Le Roi envoya un ordre à l'armée de ne pas passer le Rhin, et un exprès à chaque régiment, qui fut lu à la tête d'un chacun d'eux ; mais malgré cet ordre, Monsieur de Turenne ne laissa pas de passer le Rhin avec les troupes qui voulurent bien le suivre. Longpré, lieutenant colonel du régiment d'Espagny, avait pris le parti de Monsieur de Turenne, et aussi d'autres capitaines du même régiment qui disaient lui avoir obligation. Il y avait longtemps que ce régiment servait auprès de lui, il avait fait donner beaucoup de compagnies, et ceux-là voulurent suivre le parti qu'il embrassait. Lorsque la lettre du Roi fut lue,

1. Mme de Motteville (t. II, p. 288) dit aussi : « Le roi, la reine et toute la Cour se trouvèrent en ce lieu sans lit, sans officiers, sans meubles, sans linge... Madame la Duchesse d'Orléans coucha une nuit sur la paille, et Mademoiselle aussi. »

2. Montglat (t. III, p. 37) donne le nom d'*Erval* à ce personnage qui, dit-il, « avait soin du paiement de cette armée. »

qui portait un ordre exprès de ne pas passer le Rhin, Longpré le voulant faire passer, un vieux sergent lui dit : Monsieur, le régiment est au Roi, nous prêtons serment de le servir, et d'obéir à ses ordres, et vous voulez que nous fassions le contraire. Si l'on me croit, personne ne vous suivra, et nous demeurerons en deçà du Rhin. Il commença de dire aux soldats : Mes camarades, on nous veut faire desservir le Roi, et passer le Rhin contre sa volonté, il ne faut pas le faire : et cria aux soldats: Obéissons aux ordres du Roi, et retournons au quartier qui nous est ordonné. Il marcha ensuite, et les deux tiers du régiment le suivirent avec la plus grande partie des officiers ; et le reste passa avec le lieutenant colonel. Monsieur de Rantzau étant venu de Dunkerque à Saint-Germain, fut arrêté prisonnier au mois de mars [1], et conduit au bois de Vincennes [2].

Comme je servais mon quartier de maître d'hôtel, gratant à la porte du cabinet, pour aller chercher le Roi pour venir souper, Monsieur d'Elbœuf me joignit, et me dit : Puységur, vous êtes de mes amis, je vous dirai une chose comme sous le sceau de la confession : je m'en vais cette nuit me jeter dans Paris, j'ai ordre de vous offrir cent mille écus, si vous y voulez venir avec moi ;

1. Le premier mars, selon M. Bazin : le 27 février, selon *Meréri*, la *Biographie Michaud* et la *Nouvelle Biographie générale*.

2. D'après Montglat (t. III, p. 39), le maréchal était accusé d'intelligence avec les Espagnols. Son innocence ne fut reconnue que onze mois après.

c'est Monsieur des Landes Payen [1] qui me fait faire cette proposition-là, c'est par ses mains que vous les recevrez. Je lui répondis: Monsieur, dans la fonction que je fais présentement d'aller chercher le Roi pour le faire vivre, ayant l'honneur d'être son maître d'hôtel, né son sujet, et lieutenant colonel d'un de ses vieux régiments, il n'y a pas d'apparence que je me mette avec des gens qui lui veulent faire la guerre. Monsieur d'Elbœuf me répondit, qu'on ne demandait pas que j'amenasse personne du régiment, et qu'on ne demandait que moi. Mais je lui repartis que ni moi ni pas un du régiment, ne serviraient jamais contre le Roi, et qu'il faisait très mal de s'aller jeter dans Paris. Il me répliqua que la résolution en était prise, et qu'il ne la changerait pas. La mienne est prise aussi, lui dis-je, de servir le Roi, et je ne la changerai pas non plus. La même nuit il s'y jeta, et quatre jours après il m'envoya un homme exprès me faire les mêmes offres, et m'offrir même de me faire lieutenant général de l'armée des Parisiens ; ce que je refusai, et me tins à mon devoir.

Deux jours après que l'on eut fait arrêter Monsieur de Rantzau, la Reine qui était au conseil avec Monsieur, Monsieur le Prince, et Monsieur le cardinal Mazarin, m'envoyèrent chercher.

1. Pierre Payen, Sieur des Landes, conseiller au parlement de Paris, dont il est parlé dans presque tous les mémoires du temps.

Étant entré, Monsieur le cardinal me dit, que la Reine voulait que j'allasse en Champagne pour garder la rivière de Marne depuis Lagny jusques à Espernay ; et que pour cet effet on me faisait expédier un ordre, qui enjoindrait à toutes les villes, bourgs et villages qui étaient le long de la rivière de Marne, de m'obéir en tout ce que je leur commanderais. Le même ordre était aussi pour toute la noblesse, à trois lieues des environs de la rivière de Marne des deux côtés. Je lui demandai si l'on ne me donnait pas d'autres troupes que cela. Il me dit que non, qu'il n'avait ni troupes ni argent pour me donner ; et que dans l'ordre on me donnait pouvoir d'assembler la noblesse et toutes les communes, et de prendre du canon dans les villes où il s'en rencontrerait, avec injonction aux dites villes de me le laisser prendre, et pouvoir de faire rompre tous les ponts qui étaient sur la rivière, et d'en ôter tous les bacs. La Reine me dit, que mon esprit et ma bonne conduite, valaient mieux que deux ou trois mille hommes qu'on me pourrait donner, et qu'ils n'avaient pas assez de troupes pour se parer des insultes de Paris. Je partis sans hommes et sans argent, et pris seulement avec moi deux officiers du régiment de Piedmont qui étaient à Saint-Germain, et m'en allai poster pour ma personne à la Ferté sous Jouars [1]. J'étais quasi au milieu des passages que j'avais à garder. Je passai à Lagny [2] et à Meaux, et de là droit à la Ferté, et de la Ferté jusques à Espernay [3], d'où j'envoyai trouver Monsieur le Maréchal de l'Hôpital[4], pour le prier de me donner avis quand il saurait que Monsieur de Turenne approcherait. Je fis six quartiers le long de la rivière, tant d'un côté que de l'autre, où je choisissais un village au milieu de trente ou quarante, auquel tous les autres venaient à l'ordre, pour savoir ce que j'avais à leur commander ; et celui du village qui venait, recevait de moi par écrit ce qu'il fallait qu'ils fissent. Durant la nuit on faisait la patrouille de village en village tout le long de la rivière, et quand les villages n'étaient pas assez près les uns des autres, on faisait garde entre les deux. Monsieur de Turenne ni son armée, ne vinrent point du côté où j'étais ; il n'y eut de pont rompu que celui de Damery [5].

La paix de Paris étant faite [6], Monsieur le Comte d'Harcourt eut le commandement de l'armée, et on prit résolution d'assiéger Cambray.

---

1. La Ferté-sous-Jouarre chef-lieu de canton de l'arrondissement de Meaux, à 19 kilomètres de cette ville, sur la Marne.

2. Chef-lieu de canton du département de Seine-et-Marne, arrondissement de Meaux, à 21 kilomètres de cette ville, sur la rive gauche de la Marne.

3. Chef-lieu d'arrondissement du département de la Marne, à 33 kilomètres de Châlons, sur la Marne.

4. François de l'Hospital, comte de Rosnay, Seigneur du Hallier, frère du maréchal de Vitry, mort le 20 avril 1660, âgé de 77 ans.

5. Commune du département de la Marne, canton d'Epernay, à 40 kilomètres de Châlons.

6. La paix fut conclue à Ruel, le 11 mars.

On y marcha avec toutes les troupes. Ils furent tellement surpris, qu'il n'y avait dedans la place que la morte-paye, et une compagnie de cavalerie de cinquante maîtres ; et comme c'était une place qui n'appréhendait pas un siège, dans la fausse opinion qu'on avait de sa forteresse, il n'y avait point de munitions de guerre dedans. Les lieutenants généraux de l'armée, étaient Messieurs d'Aumont et de la Ferté Imbault ; les Maréchaux de camp, les comtes de Quincé [1] et de Broille [2], Messieurs d'Egby [3], Bougy [4], Grancé [5] et Montdejeu. On fit trois quartiers, savoir deux du côté de Flandres ; le premier était celui de Monsieur le comte d'Harcourt, et le second de Monsieur d'Aumont ; le troisième était de deçà l'Escaut, où étaient les Allemands. Nous commencâmes la ligne, et nous employâmes onze ou douze jours à la faire, pendant lequel temps on fit venir des munitions de guerre tout autant qu'il en fallait pour prendre la place, et on fit provision de vingt-cinq à trente mille outils qu'il y avait dans le

1. Jochim comte de Quincé, lieutenant-général en 1650, ambassadeur en Espagne en 1659, mort en cette même année 1659.

2. François Marie de Broglie, maréchal de camp le 26 août 1646, tué étant lieutenant-général, au siège de Valence, le 2 juillet 1656, âgé de 56 ans.

3. Georges Digby de Bristol, maréchal de camp le 27 avril 1648, devenu plus tard lieutenant-général.

4. Jean Révérend, marquis de Bougy, mort lieutenant-général, en décembre 1657, âgé seulement de 40 ans. Bayle *Dictionnaire critique*, au mot *Révérend*, s'est fort étendu sur la biographie de son coréligionnaire.

5. Jacques Rouxel de Medavy, comte de Grancey, maréchal de camp en 1636, lieutenant-général en 1646, maréchal de France en 1651, mort à 77 ans, en 1680. Sur tous ces hommes de guerre, on peut voir, outre le précieux ouvrage de Pinard, les principaux mémoires du temps, et en particulier ceux de Montglat.

camp. La nuit du mardi au mercredi, on surprit un espion qui se jetait dans Cambray, on le trouva saisi d'une lettre écrite en chiffre, qui fut envoyée à Compiègne, où était le Roi. Monsieur le cardinal la fit déchiffrer, et manda que c'était un duplicata ; ce qui faisait juger que les ennemis pouvaient bien avoir reçu la première, qui portait que la nuit du jeudi au vendredi, les ennemis devaient tenter deux secours, savoir un de deux mille hommes du côté de Monsieur de Villequier, que j'ai ci-devant nommé Monsieur d'Aumont, et un autre de douze cents hommes du côté des Allemands. Ce fut le jeudi au soir que la lettre nous fut rendue. Aux environs des lignes, on avait fait mettre des gardes dans tous les clochers, qui sont des tours voûtées, et qui étaient composées chacune d'un sergent et de six hommes, avec ordre de nous avertir si tôt que quelqu'un passerait proche d'eux pour venir au camp, la nuit par des signaux avec des feux, et le jour avec des fumées. Monsieur le comte d'Harcourt ayant reçu le déchiffrement de ce que contenait le billet, fit assembler le conseil pour prendre avis de ce qu'il y avait à faire. Ce fut à moi à opiner le premier. Je lui dis que jusques ici les troupes avaient couché en bataille à la tête de leur camp, qu'il fallait mettre dans chaque redan de la ligne cent hommes, que j'avais compté les redans, qu'il y en avait trois pour chaque régiment ; et que quand les redans seraient garnis, il fallait mettre un bataillon de ce qui resterait à deux cents pas du redan au milieu des deux. Il fut conclu tout d'une voix, que c'était ainsi qu'il fallait faire, et que de plus toute la cavalerie serait par escadrons en bataille derrière l'infanterie. On fit encore outre cela une vingtaine de pelotons d'infanterie et de cavalerie, qu'on approcha de la ville le plus près que l'on put, afin que s'ils forçaient un endroit, ils trouvassent entre la ville et le lieu forcé, des gens qui les combattissent. Les ennemis en ce temps-là avaient un pont sur un angle que l'Escaut fait, et le corps des troupes lorraines était au deça de l'Escaut. Du côté de Monsieur le comte d'Harcourt, à une heure après minuit, nous vîmes le signal au haut d'un de nos clochers, puis au haut d'un autre ; cela nous fit bien connaître qu'ils venaient comme le billet le marquait. Ils s'adressèrent justement au poste du régiment de Piedmont, où la ligne ne joignait pas le redan, d'autant que le régiment qui avait commencé cette ligne, avait été envoyé à Bapaume. Comme les ennemis commencèrent à entrer, ceux du redan firent grand feu. Ils virent ce bataillon qui avait la mèche allumée par les deux bouts, et les deux escadrons qui marchaient droit à eux, ils prirent la fuite, leurs officiers les rallièrent, et les voulurent ramener, mais ils prirent encore la fuite, et s'en retournèrent. Les clochers nous firent le signal, comme ils repassaient auprès d'eux. A la pointe du jour nous entendîmes du bruit au quartier des Allemands ; ce qui me fit dire à Monsieur de Villequier : Cela confirme la vérité du billet, le secours est pour entrer au quartier des Allemands. La vérité est qu'il entra par ce quartier-là quatre ou cinq cents hommes, et que ce fut par malheur. Ils vinrent par deux fois à la garde de la cavalerie allemande ; et quand on leur demandait qui vive, ils disaient : Vive Turenne. A la fin ils rencontrèrent un officier qui allait visiter la garde, ils le prirent, et se firent donner le mot par lui, et après ils passèrent, et entrèrent dans la ville. Il n'y en eut que cinq ou six de pris. Le jour venu, les gardes de cavalerie étant sorties hors du camp et posées, je dis à Monsieur de Villequier, je m'en vais dormir, il y a trois nuits entières que je ne dors point. — Et moi, dit-il, je m'en vais au quartier de Monsieur d'Harcourt avec le comte de Broille ; d'où étant de retour, il envoya chercher un nommé Provins, qui faisait la charge de major dans le régiment ; et lui dit de me dire qu'on partirait du camp dans deux heures. L'autre me vint éveiller, et me dit cela. Je me levai en diligence, et fus à la tente de Monsieur de Villequier, que je trouvai tout nu en chemise enveloppé dans sa robe de chambre. Je lui demandai : Monsieur, d'où vient qu'on s'en va? — C'est, me dit-il, qu'il est entré un secours de cinq cents hommes par le côté des Allemands. — Hé quoi, lui dis-je, cinq cents hommes obligent-ils de lever le siège ; et quand il y en aurait deux mille le lèveriez-vous ? Monsieur, vous ne devriez pas souffrir cela ; car en vérité si vous leviez le siège, vous mériteriez tous qu'on vous coupât le col. Que voulez-vous faire de cent cinquante milliers de poudre que vous avez ici dans le camp, de cette grande quantité de mèches, de boulets, de grenades et d'outils ? Ils me dirent : On a résolu de les jeter dans la rivière. — Est-il possible, lui dis-je, que vous ayez consenti à un tel dessein que celui-là ? je vous conjure de vouloir aller chez Monsieur le comte d'Harcourt, et j'irai avec vous, nous lui ferons sans doute changer de dessein. Nous allâmes tous deux à la tente de Monsieur le comte de Broille, à qui j'en dis autant que j'en avais dit à Monsieur de Villequier. Ils me firent réponse qu'ils ne viendraient point au quartier de Monsieur d'Harcourt, mais qu'ils savaient bien qu'il avait grande croyance en moi, et que je pourrais bien le faire changer d'avis. Vous m'avez dit tous deux, que votre avis n'était pas de lever le siège, ni de jeter les munitions dans la rivière, mais je vois bien que vous en avez été. J'étais au désespoir de voir cette fâcheuse résolution, parce que nous étions assurés qu'il n'y avait point de munitions dans la place, et que nous avions la plus belle occasion du monde d'attaquer la ville et la citadelle, qui est du côté de la porte de Saint-Quentin, où il y a un grand fond dans lequel on peut mettre cinq ou six mille hommes en bataille, et qu'aucun des bastions de la citadelle, ni même le haut des clochers ne saurait voir. Il n'y a pas soixante pas à descendre dans le fossé du bastion qui défend cette porte, et jusques à la pointe de la demi-lune de devant la porte de la ville, il n'y en a pas cinquante. Je fus au quartier de Monsieur le comte d'Harcourt, que je trouvai dans sa chambre avec un nommé Monsieur Martin de Moiroux, qui était son secrétaire. Après lui avoir donné le bonjour, je lui dis : Monsieur, je vous viens trouver comme étant votre serviteur, pour ne pas dire votre ami, et qui prends grand intérêt en tout ce qui vous touche, et principalement en l'honneur. J'ai appris par Messieurs de Villequier et Broille, que vous vouliez lever le siège de devant Cambrai, à cause de quatre ou cinq cents hommes qu'on dit y être entrés, cela n'est pas capable de vous empêcher de prendre la place ; et quand il y aurait trois mille hommes de guerre dedans, vous ne laisseriez pas de la prendre, c'est une ville qui est en réputation d'être forte, et vous voyez maintenant comme on la peut approcher : il n'y a pas soixante pas de tranchée à faire pour descendre dans le fossé de la ville et de la citadelle, le fossé n'est point creux, il n'y a pas grande descente à faire, et en huit jours de tranchée ouverte, vous prendrez la place. Vous avez toutes les munitions qu'il vous faut, tant de guerre que de bouche pour faire votre siège, et vous voulez jeter tout cela dans la rivière. Si vous me croyez, Monsieur, vous ne lèverez pas le siège sans envoyer à la cour. Il n'y a pas plus de seize ou dix-huit lieues d'ici à Compiègne, mandez comme le secours est entré dans la ville, et sachez ce qu'ils veulent que vous fassiez ; mandez vos chevaux d'artillerie, qui sont allés à Bapaume chercher du canon, et qu'ils n'en amènent point, et qu'on envoie seulement les chevaux. Nous sommes dans un commencement de campagne, quand on ne voudrait pas que vous fissiez le siège vous pourriez demeurer ici six semaines, et vivre aux dépens des ennemis, et dans huit jours de temps vous aurez renvoyé toutes vos munitions dans les villes de France, cela serait mieux que de les jeter dans la rivière. Celui que vous enverrez à la cour, peut être ici de retour demain au soir. Il me dit : Crois-tu que j'ai fait cela tout seul de ma tête ? Non, tous ceux qui se sont trouvés dans le conseil, ont été du même avis. — Vous et eux n'avez pas pris un bon avis, il y va de votre honneur de le changer. Messieurs de Villequier et de Broille, m'ont dit qu'ils n'en ont pas été, et que ç'a été vous seul, et Monsieur de la

Ferté Imbault, qui l'ont ainsi voulu. Monsieur, je vous prie d'envoyer commander aux troupes qui chargent leur bagage, qu'ils ne le fassent pas, et qu'on ne sache point que vous ayez songé à lever le camp sans en avertir le Roi qui est à Compiègne. Il défendit de charger les bagages, et on commença par les gardes. Il envoya quérir Monsieur de la Ferté Imbault, et lui raconta ce que je lui avais conseillé de faire. Il s'emporta, et dit hautement que tous les autres avaient été d'avis aussi bien qu'eux de lever le siège ; et que quand une chose était résolue, il ne la fallait pas changer. Je lui dis : Vous avez résolu une chose qui n'est pas bien, et vous soutenez qu'il ne la faut pas changer. De l'importance dont est celle-ci, il est fort juste qu'on la change, et je ne sais ce qui vous arrivera si vous levez le siège sans un ordre exprès de la cour ; vous en ferez ce qu'il vous plaira ; mais vous me permettrez de vous dire, que c'est la plus grande faute que puisse faire Monsieur le comte d'Harcourt, et la chose la plus honteuse pour un homme de son mérite, et qui a fait tant de belles actions. Ils entrèrent dans un cabinet, et me laissèrent dans la chambre. En sortant, Monsieur le comte d'Harcourt me vint embrasser, en me disant qu'il n'y avait pas moyen de rompre une chose résolue comme elle l'avait été, et qu'il me priait, en passant l'Escaut, d'avoir soin de la retraite, et que les ennemis ne tombassent point sur le quartier de Monsieur de Villequier ; qu'il fallait faire marcher les bagages les premiers, et qu'on irait camper à Crèvecœur [1]. Je les quittai là-dessus ; et aussitôt que j'en parlai à Messieurs de Villequier et de Broille. Souvenez-vous au moins, me dirent-ils, que nous n'étions point de cet avis-là. — Ma foi, leur répondis-je, je ne sais pas de quel avis vous avez été, mais je crois que ni vous ni ceux de ce conseil, n'en serez pas trop bons marchands. On jeta les munitions dans l'Escaut, et nous allâmes camper dans Crèvecœur. Nous y demeurâmes quatre jours. Messieurs du Plessis Bellière et Talon y vinrent, et m'apportèrent une lettre de la part de Monsieur le cardinal, par laquelle il me mandait qu'il avait su, comme quoi j'avais voulu empêcher la levée du siège de Cambrai, et toutes les raisons que j'en avais alléguées, qu'il n'y avait rien de si vrai, qu'on ne pouvait pas manquer de le prendre, et qu'il me priait de donner mes bons avis aux généraux ; que Messieurs du Plessis Bellière et Talon avaient ordre de le dire à Monsieur le comte d'Harcourt et à ces Messieurs. Au partir de Crèvecœur, nous fûmes camper au Casteau-Cambresis, où l'armée demeura un mois, pendant lequel temps il prit envie à Monsieur le cardinal de venir à l'armée ;

1. Commune du département du Nord, près de l'Escaut, arrondissement de Cambrai, canton de Marcoing.

et ce qui l'y obligeait, était que les Parisiens disaient qu'il n'oserait jamais y aller. Avant que de s'y acheminer, il écrivit deux ou trois lettres à Monsieur le comte d'Harcourt, par lesquelles il lui mandait qu'il ne le fît point venir, à moins qu'il n'y eût sûreté tout entière pour sa personne, et qu'il s'en informât avec moi. Monsieur le comte d'Harcourt m'en parla par trois fois. A la première, je lui dis que je n'y voyais point de hasard, et qu'il y pouvait venir. A la seconde, je lui dis la même chose. Il me demanda si je voulais être caution envers lui, qu'il ne lui arriverait point de mal. Je lui dis que je répondrais pour moi, et pour tout le régiment de Piedmont, et que j'étais accoutumé d'obéir, et d'aimer tous ceux que le Roi aimait. A la fin je lui dis : Monsieur, croyez-moi, il peut venir sans faire tant de façons, l'armée le recevra fort bien, il ne lui arrivera nul mal, j'en suis assuré, et ceux de Paris seront trompés dans leur attente. Il manda après à Monsieur le comte d'Harcourt qu'il viendrait. On tint conseil pour savoir de quelle manière on le recevrait. Je dis qu'il le fallait recevoir, l'armée étant en bataille sur deux lignes, et lui faire trois salves de coups de mousquets et de canons. Il me dit: Et dans le quartier, comment le recevrons-nous ? quelle garde lui donnera-t-on ? Je lui répondis, que je croyais qu'il le fallait traiter pour sa garde, de la même façon qu'on avait traité

Monsieur le cardinal de Richelieu, lorsqu'il était au siège de la Rochelle. On lui donnait une compagnie des Gardes, où le capitaine entrait en garde ; l'on y portait le drapeau, mais on ne battait pas aux champs quand il sortait. Il fut conclu qu'on lui ferait la même chose ; c'était à la compagnie de Pradel à entrer en garde. Il n'y avait point de drapeau dans cette compagnie, parce qu'il avait été perdu, lorsqu'ils furent faits prisonniers au siège d'Armentières. Il arriva le lendemain. On fit sortir l'armée hors du camp par l'aile gauche, et on la fit marcher dans la plaine, toutes les deux lignes à la fois, jusques à ce que l'aile droite fût hors des huttes, environ loin de deux cents pas. Après on fit faire à droite à toute l'armée qui se trouva en bataille. Je l'attendis à l'aile gauche, où il me fit cent amitiés, et m'ordonna de demeurer auprès de lui, pour lui montrer les troupes en passant. Quand il eut vu la première ligne, on lui fit voir la seconde, et après il s'en voulut aller. Je lui dis : Monsieur, il faut, s'il vous plaît, demeurer entre les deux lignes, on désire faire saluer Votre Éminence de trois salves de canons et de mousquets. Il me répondit qu'il ne le voulait pas. Monsieur, lui dis-je, il le faut vouloir, s'il vous plaît, tant pour votre honneur que pour la satisfaction des troupes ; et ceux de Paris apprendront par là, que les troupes considèrent Votre Éminence, et toutes les personnes que le Roi aime. Il n'y a rien à appréhender dans cette salve ici. La ligne qui est derrière nous a ordre, dès aussitôt que je lui ferai signe, de faire demi-tour à droite, et ainsi elle tirera de l'autre côté, et vous êtes ici au milieu de l'infanterie. Je fis signe avec une écharpe blanche, que je tenais au bout de ma canne. La ligne de derrière nous fit demi-tour à droite, et au même temps on mit le feu aux canons, tant de l'armée de France que de celle d'Allemagne. L'aile droite de la cavalerie commença de faire salve, puis l'infanterie suivit, et le reste de la cavalerie de l'aile gauche. La seconde ligne fit la même chose que la première, et le tout par trois fois. Les salves étant faites, Monsieur le cardinal entra dans le quartier de Monsieur le comte d'Harcourt, où il logea ; et rentrant dans son logis, il y fut reçu tambour battant, à cause que l'on était hors de France.

Je lui fus rendre visite, il me témoigna bien de l'amitié, en me disant qu'il n'avait jamais vu d'armée mieux rangée en bataille, ni en plus bel ordre que celle-là. Je lui dis que l'armée était en bataille, comme elle avait accoutumé d'être tous les jours. Le lendemain matin il fit des présents aux colonels allemands, leur donnant des baudriers, des épées et des montres. Comme il eut achevé de distribuer ses présents, il m'envoya chercher, et me dit qu'il avait donné tout ce qu'il avait, mais qu'il me ferait un plus beau présent qu'aux autres, qui était son amitié et son estime, et qu'il porterait bientôt l'esprit de la reine à faire quelque chose pour moi. Il s'en retourna l'après-dîner, et passa encore à la tête de l'armée qui était en bataille au même lieu où elle l'avait reçu.

Six jours après l'armée partit de là, et nous allâmes passer l'Escaut, en un village qui était proche Bouchin [1], et d'où le canon portait au passage. Les ennemis s'étaient campés à une lieue et demie de là avec toute leur armée, et avaient envoyé quelques troupes pour défendre le passage, qu'ils défendaient assez mollement. Monsieur de Villequier passa à nage avec cinq ou six cents chevaux. Monsieur le comte d'Harcourt reçut un coup de mousquet qui lui perça le baudrier, le pourpoint et la chemise, et lui fit une contusion au dos. Je fus avec l'infanterie faire un pont sur l'Escaut à une demi-lieue de là, où elle passa toute, et une partie de notre cavalerie trouva un lieu plus bas sur la main droite de notre pont, où les chevaux ne nageaient pas à la vérité, mais la plupart avait de l'eau jusques à la selle. Nous allâmes cette nuit-là camper au camp des ennemis, le lendemain nous marchâmes droit à Valenciennes, et passâmes à cinq ou six cents pas

1. Chef-lieu de canton du département du Nord, sur l'Escaut, arrondissement de Valenciennes, à 18 kilomètres de cette ville.

des fortifications de la ville, d'où l'on nous canonna fort et ferme. Nous allâmes loger à une lieue de là, dans un village situé entre Valenciennes et Condé[1]. Le lendemain nous marchâmes à Condé. Le comte de Broille fut si heureux, qu'en quatre coups de canon qu'il fit tirer, les chaînes du pont furent coupées. Nous entrâmes dedans[2], et l'armée se campa aux environs. Nous y séjournâmes pendant six semaines, durant lesquelles on faisait de grandes courses dans le pays ennemi. On prit même Bossu, et beaucoup de maisons de grands seigneurs de ce pays-là. Quoique toutes nos granges fussent remplies de blé, nous ne laissions pas de souffrir beaucoup faute de pain, parce que les moulins à vent ne pouvaient pas tourner, n'y ayant point de vent pour cela, et les moulins à eau ne pouvaient faire de farine pour nourrir cent hommes par jour, attendu qu'elle n'a pas grand cours ni grande pente. L'armée fut contrainte de se retirer de ce lieu-là, et de venir camper auprès de Valenciennes ; et on laissa Monsieur le comte de Quincé dans Condé, que l'on avait commencé de fortifier ; et on lui donna pour garnison le régiment de son Altesse, avec encore un autre régiment. Six jours après qu'il fut là, et qu'il eut un peu fait contribuer le pays, il dit qu'il n'y pouvait plus demeurer. Il le

1. Condé sur l'Escaut, chef-lieu de canton du département du Nord, arrondissement de Valenciennes, à 12 kilomètres de cette ville.
2. La ville de Condé fut prise en deux jours (24 et 25 août).

fallut aller retirer, et nous vînmes camper à Arlu [1], où nous fûmes quelque temps. D'Arlu nous vînmes camper aux environs du Quesnoy [2], et là finit cette campagne et les troupes entrèrent en quartier d'hiver.

1. Arleux, dont il a été déjà question dans le tome I, chapitre XXI.

2. Le Quesnoy, chef-lieu de canton du département du Nord, arrondissement d'Avesnes.

CHAPITRE VIII.

(1650)

Le régiment de Piémont est envoyé à Dunkerque où le Comte d'Estrades, gouverneur de la ville, avait réclamé sa présence. — Une entreprise sur Nieuport échoue par la faute du cardinal Mazarin, infidèle à sa promesse. — La pluie fait manquer une autre entreprise de d'Estrades et de Puységur sur Dixmude. — Les ennemis s'approchent de Soissons, pillent Aconin, la maison de Puységur, qui perd en cette occasion pour plus de vingt-mille livres de meubles et plusieurs chevaux. — Puységur vient à Soissons, puis à Laon, et se rend ensuite à Fontainebleau, où était la cour. — Son entretien avec le comte d'Harcourt, avec Mazarin. — Puységur conseille d'assiéger Rethel — Abondants détails sur la bataille de Rethel. — Part importante que Puységur prend à cette bataille. — Nouvel entretien de Puységur avec Mazarin. — Puységur apprend au maréchal du Plessis que son fils a été tué dans la bataille. — Il vient à Paris. — Son entretien avec le duc d'Orléans, déjà brouillé avec la reine mère.

LA campagne suivante, le Roi s'achemina vers Bordeaux [1]. Le régiment de Piedmont eut ordre d'aller à Dunkerque, pour servir auprès de Monsieur d'Estrade [2], qui le demanda à

1. Ce fut le 4 juillet que le roi partit pour Bordeaux, où il ne devait entrer que le 5 octobre.

2. Godefroi, comte d'Estrades, né à Agen ou aux environs d'Agen en 1607, mourut maréchal de France le 26 février 1686. Voir la notice mise en tête de la *Relation inédite de la défense de Dunkerque* (1651-1652) *par le maréchal d'Estrades* (1872, in 8°).

Monsieur le cardinal, disant qu'il n'en connaissait point de plus propre pour exécuter les desseins qu'il lui commandait, et qu'il était assuré que je lui donnerais encore des moyens pour faciliter l'entreprise qu'on voulait faire sur Nieuport [1]. Monsieur le cardinal lui dit qu'il était bien aise de consentir que j'y fusse, et qu'il pouvait bien me communiquer ce secret-là. C'était un capitaine de la garnison de Nieuport, qui promettait de faire prendre la place par les troupes du Roi, et de donner son père, sa mère, sa femme et quatre enfants qu'il avait pour ôtages, en cas qu'il manquât de le faire prendre. La facilité qu'il en donnait, était qu'il y avait longtemps qu'il était dans la place, qu'il en gardait une porte et que son poste était fixe, et qu'il n'entrait point en garde ailleurs, qu'il gardait aussi un lieu où il y avait trois pièces de canon, dont les embrasures étaient basses, et par lesquelles l'on pouvait fort bien entrer. La chose fut reconnue, et l'on trouva qu'on y pouvait entrer facilement. Monsieur le Cardinal avait promis de donner à cet homme deux cent mille livres, qui étaient en dépôt en Hollande. Dans le commencement du mois d'août, que tout était prêt et bien disposé pour cette entreprise, ce capitaine vint trouver Monsieur d'Estrade, pour voir s'il lui donnerait cette

1. Il est question de Nieuport dès la première page de la *relation* citée dans la note précédente.

somme, ou s'il la mettrait entre les mains d'une tierce personne ; que pour lui il lui mènerait son père, sa femme et ses enfants, au lieu que lui marquerait Monsieur d'Estrade. Il fut en Hollande, et l'homme lui dit que Monsieur le Cardinal avait retiré cent mille livres des deux cents. Il revint trouver Monsieur d'Estrade, et lui dit qu'il voyait bien qu'on lui manquait de parole,et qu'il ne voulait plus tenir la proposition qu'il avait faite. Monsieur d'Estrade fit tout ce qu'il put pour l'obliger à prendre les cent mille livres, et l'assurait que Monsieur le Cardinal lui baillerait les autres, et dit même qu'il s'obligeait à la somme qui restait à payer. L'homme ne le voulut pas accepter, et par ce moyen se retira de cette affaire. Ensuite de cela Monsieur d'Estrade me communiqua le dessein qu'il avait sur Dixmude qu'il voulait prendre. Nous nous mîmes en devoir de surprendre cette place, et pour cet effet on choisit dans la garnison deux mille hommes, tant Français que Suisses, qui savaient tous nager. Nous partîmes de Dunkerque avec ces deux mille hommes de pied, et un régiment de cavalerie. Nous allâmes à Furnes, où nous arrivâmes à dix heures du matin, sans que Monsieur du Bousquet qui en était gouverneur, en sût rien. L'on y dîna, et les troupes y repurent. Nous y demeurâmes jusque sur les sept heures du soir, d'autant qu'on voulait arriver la nuit au haut pont qui est sur le canal de Nieuport, qui va à Laquenoc, et à huit cents pas de la porte de la ville de Dixmude. C'est un pont qui se tourne tous les soirs du côté de la ville, et l'on ne tenait que vingt hommes dans la demi-lune. Cela n'était pas mal aisé, et puis nous eussions fait passer des soldats à nage au delà du canal qui auraient détaché le pont, et le pivot aurait tourné, et le pont serait venu de notre côté. Après avoir passé le pont, nous aurions donné dans le fossé de la ville, et aurions fait couper une palissade que j'avais fais mettre sur le bord de ce fossé, dans le temps qu'il était à nous et que j'y commandais. Cette palissade rompue, nos soldats auraient passé le fossé à nage, et auraient pu monter sur le haut du rempart. On devait attacher les pétards à la double porte et au pont-levis, afin de les jeter par terre. Nous fûmes empêchés de faire cette exécution, parce que les chariots qui portaient les pétards, ne purent marcher, à cause d'une pluie qui survint entre Furnes et Dixmude. L'affaire aurait assurément très bien réussi, d'autant que les habitants ne seraient jamais montés sur le rempart pour aider à défendre la place, en cas qu'on l'eût attaquée, quelque chose qu'eût pu faire celui qui commandait dans Dixmude, qui n'avait que cent ou six-vingts hommes de guerre. Cependant il fallut nous en retourner à Dunkerque.

Dans le mois de septembre Monsieur d'Estrade reçut un ordre de faire partir en diligence le régiment de Piedmont pour marcher vers Soissons, attendu que les ennemis entrèrent en France, et s'étaient venus camper vers Bazoches [1], à cinq lieues de Soissons [2]. Monsieur le maréchal du Plessis [3] s'était retiré dans Rheims, et son armée était campée sur les remparts, dans les rues, et dans les places de la ville. Nous arrivâmes à Soissons, où nous trouvâmes Monsieur de Villequier, avec quatre régiments d'infanterie et cinq de cavalerie, qui étaient campés devant l'abbaye de Saint-Médard, les habitants n'ayant pas voulu laisser entrer l'armée dans la ville, ni pas une des troupes. Deux jours auparavant Monsieur d'Hocquincourt [4] y était arrivé. Il avait été attaqué par les ennemis, qui le poussèrent par delà Bazoches, et le poursuivirent jusques auprès de Soissons. En ce même temps-là ils prirent ma maison d'Aconin, la pillèrent, et m'enlevèrent pour plus de vingt mille livres de meubles, et tous les chevaux qui étaient dedans. Cette affaire m'arriva, et me fut faite par deux de mes bons amis, savoir, Messieurs de Boutte-

1. Commune du département de l'Aisne, canton de Braine.
2. Les géographes mettent 50 kilomètres entre Bazoches et Soissons.
3. César de Choiseul, duc de Choiseul, comte du Plessis-Praslin, pair et maréchal de France, mort en décembre 1675.
4. Charles de Montchi, marquis d'Hocquincourt, lieutenant-général en 1646, maréchal de France en 1651, tué dans les rangs de l'armée espagnole devant Dunkerque, le 13 juin 1658.

ville [1] et de Grandpré [2]. Mes valets furent pris par les Lorrains et il me coûta deux cents écus pour leur rançon.

Sur la fin du mois de septembre les ennemis décampèrent de Bazoches, et allèrent assiéger Mouzon. Monsieur d'Aumont partit avec les régiments de la Marine et de Saux, et Monsieur de Monteclair pour tâcher de jeter des hommes dans la place ; et comme il les vit embarqués, parce qu'il les voulait faire entrer de nuit par eau, il y eut dispute entre les régiments de la Marine et de Saux pour leur marche, ce qui retarda leur partement. On les fit avancer, mais les ennemis les empêchèrent d'y entrer. Le lieutenant-colonel de Saux y fut tué, avec quelques autres officiers. Monsieur de Monteclair maréchal de camp, y fut aussi tué. Monsieur de Villequier m'avait laissé avec trois régiments d'infanterie et deux de cavalerie dans le camp de Saint-Médard, avec ordre de faire tout ce que je trouverais à propos. Je marchai avec ces troupes-là aux faubourgs de Laon. Pendant que les ennemis faisaient le siège de Mouzon [3], Monsieur le Maréchal du Plessis était vers Châlons, où Mon-

1. François Henri de Montmorency, comte de Bouteville et de Luxe, duc de Piney-Luxembourg, pair et maréchal de France, mort en 1695, âgé de 67 ans.

2. Antoine François de Joyeuse, comte de Grandpré, mestre de camp d'un régiment d'infanterie, gouverneur de Mouzon et de Beaumont en Argonne, etc.

3. La ville de Mouzon, investie le 27 septembre, se rendit, après une belle résistance, le 6 novembre.

sieur de Villequier revint joindre les troupes, et marcha de ce côté-là, croyant qu'il n'y avait rien à faire davantage. Je lui demandai congé d'aller à la cour, qui pour lors était à Fontainebleau, où j'arrivai le vingt-huitième novembre. En saluant Monsieur le cardinal, il me dit : Ne manquez pas d'être demain à six heures à mon lever, et commanda sur l'heure même à Monsieur de Besemos capitaine de ses gardes [1], de me faire entrer. Je fus le matin à six heures à son appartement, comme il me l'avait ordonné. Besemos me dit: Il n'est pas encore éveillé ; attendez je vous ferai parler à lui, il a aussi mandé à Monsieur le comte d'Harcourt de se rendre ici. Dans le temps que j'attendais qu'il fût éveillé, Monsieur le comte d'Harcourt entra dans l'antichambre, et s'en vint parler à moi. Il me dit: Je sais qu'on t'a mandé de venir ici, et on m'y fait venir aussi ; que crois-tu que cet homme me veuille ? — Monsieur, lui dis-je, je ne sais pas ce qu'il vous peut vouloir, j'ai ouï dire, qu'on voulait ôter Monsieur le prince du château de Marcoussis [2], où il est détenu prisonnier, parce qu'il est trop près de Paris, et qu'on le veut mener au Havre. Il me fit réponse qu'il n'était pas homme à servir de prévôt. Monsieur, ce n'est pas vous faire prévôt, lui

1. François de Monlezun, seigneur de Baisemaux ou Besmaux, capitaine des gardes de Mazarin, gouverneur de la Bastille en 1658, mort en 1697 plus qu'octogénaire.
2. Département de Seine-et-Oise, arrondissement de Rambouillet, canton de Limours.

dis-je, l'emploi que le Roi vous donne, marque qu'il se fie en vous. — Je vous réponds, me dit-il, que je refuserai cet emploi-là. Je lui répliquai que je ne croyais pas qu'il le dût faire, qu'il était au Roi, et qu'il y devait être attaché plus qu'un autre ; qu'il était son grand écuyer ; et que si le Roi se fâchait contre lui, comme je ne doutais pas qu'il ne le fît, qu'il le ferait arrêter, et qu'il n'aurait que ce qu'il méritait ; que pour moi, je serais fort aise que Monsieur le prince ne fût pas prisonnier, mais qu'il fût en liberté ; que j'étais autant son serviteur et son ami, si l'on le pouvait ainsi dire d'une personne de sa condition, qu'aucun autre le pourrait être ; mais que si le Roi me commandait de le prendre, de le garder, et de le mener en quelque lieu que ce fût, je le ferais ; que l'on doit tout au Roi quand on est né son sujet, et de plus quand on est officier de sa couronne comme il était. Enfin, pour conclusion, je lui dis, que si l'on l'y voulait envoyer, qu'il ne le refusât point, qu'il n'y avait pas longtemps qu'il était revenu de commander en Normandie, qu'il y avait réussi ; et que le Roi n'ayant que peu de troupes pour y faire conduire Monsieur le prince, il se servait de lui, et qu'il ne devait point refuser d'y aller. Aussitôt Besemos sortit, qui lui dit que Monsieur le cardinal lui voulait parler, et qu'il entrât ; et me dit à moi : Vous parlerez à Son Éminence, quand Monsieur le comte d'Harcourt sortira. Il ne fut qu'un demi-quart d'heure avec Monsieur le cardinal, et puis il sortit ; et me dit en sortant, qu'on lui commandait d'aller avec les gens-d'armes, les chevau-légers du Roi, et le régiment de la Valette, tirer Monsieur le prince de Marcoussis pour le conduire au Havre. L'on me fit entrer dans le cabinet de Monsieur le cardinal, où étant, il me dit : Puységur, j'avais dessein de faire assiéger Rhétel par l'armée du Maréchal de Praslin, qui m'avait envoyé Bougy, Maréchal de camp, qui me demande de mettre l'armée en quartier d'hiver, mais j'aurais bien voulu qu'on eût repris Rhétel auparavant. Je lui dis: Monsieur, votre dessein est fort bon, et je vous assure que vous le prendrez en quatre ou cinq jours. Il me dit qu'il ne pouvait pas bien croire cela, parce qu'il y avait une grande circonvallation à faire ; que je ne fusse pas opiniâtre, et qu'il m'en allait montrer le plan. Il le fit apporter, et me fit voir du côté de Rheims une grande plaine, dans laquelle il disait qu'il fallait faire cette grande circonvallation, et encore une autre du côté de Tierache [1]. Je lui dis que j'envisageais bien la plaine, mais qu'à sa sortie était un faubourg ; que plutôt que d'aller à ce faubourg, on passait deux ruisseaux, au milieu

1. La Thierache ou Thierache était un petit pays de la province de Picardie, entre la Champagne, le Laonais vermandois, le Hainaut et le Cambresis. Les villes principales étaient Guise, Aubenton, Riblemont, Marle et la Fere.

desquels étaient les Minimes, et qu'en forçant le bout du faubourg, on se logerait dans l'île des Minimes, et que pas un secours ne pourrait forcer deux mille hommes que l'on pourrait mettre là-dedans ; et qu'outre cela on prendrait le faubourg, qu'on se logerait dans les maisons, sans que ceux de la ville pussent sortir sur ceux du faubourg, à cause qu'on en barricaderait le bout tout le plus près de la ville que l'on pourrait, et qu'ainsi ce côté-là serait en toute assurance ; et que pour l'autre côté qui regardait la Tierache, il y avait un grand marais, où l'on ne pouvait passer que sur un pont de brique qui y était ; qu'on ferait au deçà du pont une redoute pour mettre cent hommes dedans, et une garde de cavalerie derrière ; que les ennemis ne la pourraient pas surprendre la nuit pour jeter un corps d'infanterie dans la place ; que l'armée ne viendrait pas de ce côté-là ; et que quand même elle y viendrait, elle ne pourrait pas forcer cette redoute, d'autant que les troupes de notre armée la soutiendraient ; que les vivres ne pouvaient être coupés, parce que les ennemis ne se mettraient pas des deux côtés pour les empêcher ; car s'ils fermaient les passages du côté de Rheims, les vivres arriveraient du côté de Laon et de Sisonne [1]. Monsieur le cardinal dit : Et des vivres pour

1. Aujourd'hui Sissonne, chef-lieu de canton de l'Aisne, arrondissement de Laon, à 20 kilomètres de cette ville.

l'infanterie ? Je lui répondis: Il ne s'en faut pas mettre en peine, et qu'en donnant du pain pour six jours, on en aurait pour plus de temps que la place ne tiendrait ; que tout ce qui pourrait pâtir à ce siège-là, ce serait la cavalerie, mais que l'on pourrait faire apporter de l'avoine au Pont-à-Vert [1], et en faire venir de là au camp pour leur en donner, et y faire aussi conduire du foin. Je lui dis qu'auparavant que cela fût venu, nous aurions pris la place : et que s'il le voulait faire avant que les grandes gelées vinssent, il n'y avait pas de temps à perdre. Il me répondit qu'il ne tiendrait pas à lui, mais que le Maréchal du Plessis était incommodé, et demandait à se retirer. Si par hasard, lui dis-je, il ne pouvait pas servir, je vous promets de faire en sorte que les deux lieutenants généraux, Messieurs de Villequier et Hocquincourt, entreprendront ce siège-là ; et de mon côté je lui promettais de faire tout ce qui me serait possible, pour que la réussite en fût avantageuse, et que la chose était fort faisable sur ma parole.

Dans ce même temps-là on lui vint dire que Monsieur le Maréchal de l'Hôpital était-là, qui demandait à parler à lui. Mon Dieu, dit-il, qu'on le fasse entrer ; et comme il fut entré, Monsieur le cardinal lui dit : Monsieur le maréchal, Puységur

1. Pontavert est une commune de l'Aisne, arrondissement de Laon, canton de Neufchâtel.

me fait la prise de Rhétel si aisée, que cela me donne encore plus d'envie de l'entreprendre. A l'entendre parler, vous diriez qu'il n'y a qu'à marcher pour entrer dedans ; il m'assure qu'il le fera prendre en six jours, et qu'il n'y faut point de circonvallation. Monsieur le maréchal de l'Hôpital lui dit que j'avais raison, qu'il ne fallait qu'emporter le faubourg du côté des Minimes, et faire une redoute au pont de brique. Je fus fort aise de ce que Monsieur le maréchal de l'Hôpital s'était trouvé de mon sentiment. Monsieur le cardinal nous envoya lui et moi chez Monsieur le Tellier, lui dire qu'il fit la dépêche pour faire aller l'armée assiéger Rhétel. Il me voulut envoyer pour en faire la proposition à Monsieur le Maréchal du Plessis, mais je lui dis qu'il était plus à propos qu'il envoyât Monsieur de Bougy pour la lui faire ; et que pour moi, j'irais à Rheims pour voir quelle assistance nous voudraient donner Messieurs de la ville, et qu'après je joindrais Messieurs de Villequier et d'Hocquincourt, le régiment de Piedmont étant dans les troupes que ces Messieurs commandaient. Il m'ordonna de lui écrire de Rheims ce que j'aurais fait avec les habitants, pour avoir quelques munitions et quatre pièces de canon. Messieurs de Rheims accordèrent très volontiers de fournir ce qu'on leur demandait, dans l'assurance que je leur donnai que leur canon serait ramené dans leur ville.

Dans le temps que j'étais à Rheims, Monsieur d'Hocquincourt y passa, qui venait de l'armée, et qui voulait aller à Péronne. Je lui parlai, et lui fis connaître le service qu'il rendrait au Roi, en aidant à prendre Rhétel, que Sa Majesté et la Reine s'attendaient bien qu'il n'épargnerait rien pour cela, et que Monsieur le cardinal le priait de vouloir y faire son possible, et de laisser sortir quelques munitions de Péronne, pour les faire conduire au siège de Rhétel. J'eus peine à lui faire promettre qu'il reviendrait ; néanmoins il me le promit à la fin, et que ce serait dans quatre jours très assurément ; que pour cet effet il aurait des chevaux de relais sur le chemin, mais que pour des munitions et du canon, il n'en donnerait point, qu'il n'en avait pas trop dans sa place. Je le pressai fort sur ce sujet-là. Il me repartit qu'il avait promis à la plus belle du monde [1] qu'il n'en donnerait pas, et effectivement il n'en donna point. J'écrivis à Monsieur le cardinal, et lui mandai que ceux de Rheims donneraient ce qu'ils pourraient pour prendre Rhétel, que Monsieur d'Hocquincourt n'avait pas grandes munitions dans Péronne, qu'il n'en pouvait pas donner, et que je ne l'avais pas fort pressé là-dessus, parce que ceux de Rheims nous assistaient assez pour cela, et qu'il aurait fallu trop de temps pour

1. On sait que d'Hocquincourt écrivit à Mme de Montbazon : « Péronne est à la belle des belles. »

faire venir les munitions de Péronne à Rhétel. Je lui mandai aussi que je lui conseillais de venir, et que la place ne tiendrait pas six jours : il résolut de le faire.

Cependant l'armée marcha, et partant d'auprès de Châlons, vint à Rhétel en un jour [1], et le lendemain on attaqua le faubourg des Minimes ; ce fut Monsieur de Manikan qui en fit l'attaque avec le régiment de la Marine. On l'emporta d'emblée, et l'on prit même le faubourg qui tient au bout du pont, qui sort de la ville pour aller à Rheims. Monsieur le cardinal vint à ce siège, et se logea dans un château proche de Rhétel, qui était au comte de Cerny. Monsieur le maréchal du Plessis prit son logement en un village appartenant à Monsieur de Mouy [2], et qui était aussi proche de Rhétel, où il trouva des fourrages et tout ce qu'il lui fallait, parce que les terres de Monsieur de Mouy avaient été conservées par les troupes des ennemis. Le régiment de Piedmont passa la rivière, et eut son quartier du côté du pont de brique avec une partie de l'armée. Les Allemands y étaient aussi logés. Monsieur de Manikan qui était logé au faubourg du côté de Rheims, et qui ne devait pas faire d'attaque avec ses troupes, s'avisa (dans le temps qu'on était au conseil chez Monsieur le cardinal, et qu'on avait

1. 9 décembre.
2. Est-ce Henry de Lorraine, marquis de Mouy, né en 1596, mort en 1672?

résolu d'attaquer cette nuit-là les dehors de Rhétel, qui sont de grandes terrasses fort élevées du côté de la rivière) de faire mettre une pièce de bois sur un rouleau, et la faisait soutenir par des cordes, et par ainsi en fit appuyer un bout contre la fenêtre du corps de garde qui regarde le pont; si bien qu'un bout portait sur ladite fenêtre, et l'autre tenait à terre: et à la faveur de la mousqueterie, qui tirait toujours vers cette fenêtre, il fit monter cinq ou six soldats tout le long de cette pièce de bois qui entrèrent dans le corps de garde des ennemis, qui vinrent et les en chassèrent. Ils ressortirent par la même fenêtre, et se retirèrent dans le faubourg. Sur les quatre heures du soir les ennemis firent battre une chamade du côté de Monsieur de Manikan, et demandèrent à se rendre. On envoya aussitôt avertir Monsieur le cardinal, et on fit venir tout le conseil, qui leur accorda de sortir avec armes et bagages, et tout ce qu'ils voulurent, tant on avait envie de les avoir; c'était le treizième jour de décembre. Monsieur le cardinal m'appela, et me dit que j'avais été son devin jusques à cette heure, et que j'eusse à lui dire ce qu'il y avait à faire ensuite de cela. Je lui dis: Monsieur, si j'en étais cru, vous feriez passer toutes les troupes, tant celles qui sont à Assy[1], que celles qui sont au quartier de Mon-

1. Assis-sur-Serre, commune de l'Aisne, arrondissement de Laon, canton de Crécy.

sieur de Praslin, au deçà de la rivière, parce que vous savez bien que Monsieur de Turenne n'a pas passé l'Aisne, qui n'est qu'à six ou sept lieues d'ici, et qu'assurément il se sera mis en devoir de venir secourir cette place, il pourrait bien vous tomber cette nuit sur les bras, et enlever quelqu'un des quartiers. Il me dit que j'avais raison. Monsieur le maréchal ne voulut point sortir du sien, toutes les troupes qui y étaient, disaient qu'il ne fallait pas sortir ; et ce qui les obligeait à dire cela, était qu'ils avaient de quoi manger dans leur quartier, tant pour eux que pour les chevaux. Il se trouva que Monsieur de Turenne marcha cette nuit-là, et si Monsieur de Duras [1] ne se fût point égaré par les chemins, assurément qu'il aurait enlevé du moins un quartier, soit celui de Monsieur le maréchal, soit celui des Allemands. Monsieur le cardinal ayant eu avis que l'armée des ennemis venait à Rhétel, envoya un de ses gentilshommes avec deux de ses gardes, et un guide qui portait des ordres à tous ceux qui commandaient dans les quartiers. Les ordres étaient écrits sur une feuille de papier pour chacun des quartiers séparément; et entre l'ordre d'un quartier à un autre, il y avait une distance pour faire écrire l'heure qu'on le recevait. Celui du régiment de Piedmont portait

1. S'agit-il là du beau-frère de Turenne, Gui Aldonce de Durfort, marquis de Duras, comte de Royan, mort en 1690, ou du neveu de Turenne, Jacques Henri de Durfort, duc de Duras, lieutenant-général en 1654, maréchal de France en 1675 ?

d'être à minuit au bout du pont pour passer la rivière. Je vis l'ordre de ceux qui devaient passer devant moi, et je signai que j'avais reçu le mien à neuf heures du soir, que j'avais vu celui de ceux qui devaient passer les premiers, et qui était entre les mains de ce gentilhomme, et qu'il n'avait encore été à pas un de ces quartiers-là, que je serais le lendemain quatorzième de décembre au bout du pont, et que je m'y trouverais même plus tôt qu'il ne faudrait. J'y arrivai effectivement à neuf heures, et plus d'une heure et demie auparavant que les troupes qui devaient arriver avant moi, y fussent venues, tant l'abord du pont était difficile à approcher, à cause des eaux et des boues. Monsieur le cardinal envoya au devant de moi. Je lui mandai que je le suppliais de trouver bon que je fisse passer le régiment avant que d'y aller ; et le régiment étant passé, je m'en allai au galop au quartier, où était Son Éminence. Je la trouvai au logis de Monsieur de Pradel capitaine aux gardes [1], qui était couchée sur son lit, fort attaquée de la goutte, et Messieurs les généraux qui en sortaient pour se retirer chacun chez soi. Monsieur le cardinal me dit qu'il m'avait attendu longtemps pour résoudre ce qu'il y aurait à faire, et que tous ceux du conseil avaient dit qu'il fallait faire un pont d'or à son ennemi.

1. François de Pradel, créé maréchal de camp le 17 décembre 1650. Voir sur cet officier les mémoires de Melle de Montpensier, de Bussy-Rabutin, du cardinal de Retz, etc.

Je lui dis : En vérité, Monsieur, c'est un vieux proverbe [1], et par cette raison on ne manquera pas de dire que vous avez acheté Rhétel, et que l'armée du Roi est si faible, qu'elle n'oserait paraître devant celle des ennemis. Ainsi, Monsieur, il y va de l'honneur des armes du Roi, du vôtre en particulier, et de celui de tous ceux qui sont ici. Cette armée ne se peut retirer, et passer la rivière d'Aisne, sans que vous la combattiez. Monsieur de Turenne ne peut pas aller aujourd'hui à plus de deux lieues d'ici ; il le faut suivre. S'il passe la rivière devant nous, nous pourrions l'attaquer au demi ou aux deux tiers de passé ; enfin il ne se pourra pas retirer sans que nous ayons avantage sur lui. Il appela ces Messieurs, et leur dit qu'il trouvait mes raisons si bonnes, qu'il fallait suivre les ennemis, et tâcher de les combattre lorsqu'ils passeraient la rivière. Il fut résolu qu'on les suivrait. Je lui dis encore qu'il fallait faire demeurer les bagages de l'armée, afin que nous pussions aller plus vite, et commander qu'on n'y laissât que les valets, un sergent, et quinze hommes de chaque régiment, qu'on ne passerait pas plus de deux nuits sans être de retour. Lorsque cela fut commandé, tout le monde se mit à crier contre moi, en disant que je n'avais là qu'un mulet, et qu'il m'était bien aisé de conseiller que les autres laissassent leur bagage. Je leur répondis : Si je n'ai

1. Si vieux proverbe qu'il est renouvelé des Grecs.

ici qu'un mulet, et que je le laisse, je laisse aussi bien tout mon bagage que vous qui laissez votre chariot. Je dis à Monsieur le Cardinal, que quand les Français allaient au combat, et qu'ils avaient leur bagage derrière eux, chaque capitaine y envoyait une partie des meilleurs hommes qu'il eût, et qu'ainsi les troupes étaient affaiblies de leurs plus forts soldats ; que les ennemis faisaient tout le contraire, en faisant monter sur leurs chevaux les valets qu'ils ont au bagage, et les faisant combattre comme eux. Leur raison est, que s'ils gagnent la bataille, ils sont assurés qu'ils ne perdront pas leur bagage, où il ne demeure que les femmes et les gens qui ne sauraient combattre ; et s'ils la perdent, ils perdent toujours leur bagage.

Il était deux heures et demie quand l'armée prit les armes pour marcher. Monsieur le cardinal me dit dans ce temps-là : Puységur, si les ennemis se voyant pressés tournaient à vous, et venaient pour vous combattre, et que par malheur on perdît la bataille, que diriez-vous ? Je lui répondis : Monsieur, si les ennemis viennent pour nous combattre, je suis assuré que nous les battrons, à moins que Dieu ne se voulût déclarer tout à fait contre nous. — Ils sont aussi forts que vous, me dit-il. Je lui répondis que je croyais bien qu'ils l'étaient en cavalerie, mais non pas en infanterie ; et que très assurément, pourvu que nos lieutenants généraux ne voulussent pas à l'envi l'un de l'autre chercher à qui donnerait le premier coup d'épée, et que nous marchassions en bon ordre, nous en viendrions à bout. Il me dit qu'il y avait du hasard à tout cela. Et je lui répondis que rien n'allait sans hasard, que l'emploi de nos armes était fort juste ; que nous étions tous à un même maître, et tous à une même solde ; qu'il était vrai qu'il y avait un corps d'Allemands assez considérable, mais que je ne savais pas qu'ils eussent aucun mécontentement, et qu'ils me semblaient bien zélés pour leur parti : que l'armée des ennemis était composée de bien de sortes de nations ; que les Espagnols ne souhaitaient rien tant que de retourner en Flandres ; que les Lorrains n'étaient pas fort échauffés pour le service d'Espagne, et qu'ils aimeraient mieux fuir que de se faire tuer ; que les meilleurs hommes que je connusse-là, étaient les troupes de Monsieur le prince, mais que j'étais assuré, que quoi qu'ils fussent vaillants, et qu'ils l'eussent témoigné en d'autres occasions, c'était parce qu'ils servaient le Roi ; mais présentement qu'ils étaient contre son service, ils avaient l'âme ulcérée, et un grand remords de conscience d'être réduits à prendre les armes contre leur propre Roi. Il me dit : Puységur, allez-vous en, ayez bien soin que l'armée marche en bon ordre, et qu'elle soit bien en bataille ; et dites à Messieurs d'Aumont et d'Hocquincourt, que la chaleur de leur courage ne les emporte pas, et qu'ils marchent en bon ordre, sans jalousie l'un de l'autre. Au même temps il me montra son pied qui était fort enflé et fort rouge de la goutte, et me dit: Sans ce cruel mal, j'irais avec vous autres. Je lui dis : J'espère, si les ennemis nous attendent, que nous réussirons, et que nous les battrons. J'allai joindre les troupes qui commençaient à marcher. La nuit nous surprit à un quart de lieue de la Neufville-les-trois-clochers [1] ; ce sont trois villages distants d'un demi-quart de lieue l'un de l'autre. Monsieur le maréchal du Plessis me dit : Hé bien, Monsieur de Puységur, vous êtes cause que nous avons marché, voilà la nuit qui nous prend, où voulez-vous loger l'armée à l'heure qu'il est. Je lui répondis: Monsieur, il faut encore marcher un quart de lieue, et nous trouverons deux ou trois villages ici près. Je pris cinquante maîtres avec trois gentilshommes du pays, et les majors des régiments qui vinrent avec moi. Je mis le quartier du Roi avec toute l'infanterie au village de la Neufville, sur le grand chemin de Châlons, la cavalerie allemande logea au village de la gauche, celle des Français à celui de la main droite, où j'envoyai un régiment d'infanterie pour garder le quartier. Monsieur le maréchal envoya aussitôt un parti à la guerre, qui revint sur les neuf heures du soir, qui rapporta que Monsieur de Turenne

1. Aujourd'hui La Neuville-en-Tourne-à-Fuy, commune des Ardennes, arrondissement de Rhétel, à 6 kilomètres de cette ville.

se retirait en grande diligence. Monsieur le maréchal dépêcha un homme à Monsieur le Cardinal pour lui en donner avis, il avait aussi envoyé un autre parti pour suivre les ennemis, et être assuré du lieu où ils pouvaient être, qui ne revint qu'entre une et deux heures après minuit, et qui rapporta que Monsieur de Turenne avait logé ses troupes dans des villages et que le quartier des Cravates était à Poix [1]. Je me trouvai chez Monsieur le maréchal, lorsque cela lui fut dit. Il envoya aussitôt au quartier de la cavalerie pour les faire monter à cheval, après quoi on fit prendre les armes dans son quartier ; et en attendant il fit donner l'ordre de bataille, sur lequel il voulait combattre. On posa cet ordre sur la table. Je le considérai attentivement, et le mis fort bien dans mon esprit. Il était composé de quinze escadrons sur l'aile droite de la première ligne, de sept bataillons, dont les gardes étaient au milieu, Picardie avait la droite, et Piedmont la gauche. Il y avait quinze escadrons à l'aile gauche, commandés par Monsieur d'Hocquincourt : pour la seconde ligne, les Allemands en faisaient l'aile droite. Il y avait aussi sept bataillons et quinze escadrons à l'aile gauche qui étaient commandés par des maréchaux de camp. Nous marchâmes en cet ordre-là droit à Poix,

1. Poix (et non *Poivre*, qui est une faute d'impression), commune du département des Ardennes, arrondissement de Mézières, canton d'Omont.

où le jour nous prit. Je m'avançai avec cinquante maîtres, et allai droit au village. Les Cravates en avaient rompu le pont, et sortaient du quartier quand j'arrivai. Je parlai à de pauvres femmes qui étaient là, à qui je demandai s'il n'y avait point de pont au-dessus ou au-dessous. Elles me dirent qu'il y en avait un dessous, mais qu'il était rompu, et qu'à une demi-lieue au-dessus était la source du ruisseau. Je retournai trouver Monsieur de Villequier, à qui je dis qu'il fallait changer de marche, et qu'au lieu d'aller de front, il nous fallait tourner par le flanc, pour chercher la source du ruisseau qui était à une demi-lieue de là. Je fus avec lui droit aux troupes, nous fîmes faire à droite à la ligne ; et marchâmes pour trouver cette source ; et comme nous fûmes avancés quatre ou cinq pas, Monsieur de Turenne fit tirer six volées de canon, qui était son signal pour assembler ses troupes, et leur faire prendre leur champ de bataille. Chacun me demandait ce que cela pouvait signifier. Cela veut dire, leur répondis-je, qu'il fait assembler ses troupes, qu'il prend son champ de bataille, et qu'assurément nous allons combattre. En disant cela, le brouillard commençait à se hausser, qui est un signe de beau temps en hiver, et le contraire dans l'été. A mesure que le brouillard haussait, nous voyions les jambes des chevaux, puis les chevaux, et après les hommes dessus. Je vis cette armée qui allait par son flanc gauche, et qui marchait comme si elle eût voulu venir en France. Je dis à Monsieur de Villequier : Voyez-vous bien cette armée, Monsieur, qui va par son flanc gauche, elle est assurément sur une hauteur ; et en tournant à droite, elle sera en bataille. Elle marcha comme cela, tant que la hauteur dura. Je lui dis encore : Assurément qu'il y a un fond entre eux et nous, nous avons été attrapés comme cela à la bataille de Sedan, nous regardions des troupes qui étaient sur une hauteur, et leur première ligne était remontée d'un fond qui venait droit à nous. Je marchai avec dix maîtres, et à vingt pas de là nous trouvâmes qu'il y avait une grande vallée entre eux et nous. Je lui dis qu'il fallait changer notre marche : Nous l'avons déjà changée une fois sans en avoir donné avis à Monsieur le maréchal, cela n'est pas trop bien, il l'en faut avertir, c'est ici un coup de partie. Je lui envoyai dire par un aide de camp, et il demanda : Qu'y a-t-il donc à faire à cette heure ? Je lui répondis : Monsieur, le contraire de ce que nous faisions, nous marchions par le flanc gauche, et il nous faut marcher par le droit ; et pour cela, que les escadrons ne bougent de leurs places jusques à ce que je leur dise de marcher. Je me mis à la tête avec lui ; et il dit à Monsieur de Romecourt, qu'il allât tout le long de la ligne avertir qu'on ne bougeât point qu'ils ne vissent passer les autres devant eux, et nous tournâmes comme cela ; et lorsqu'un escadron était passé, et que la distance était assez grande, un autre suivait, et ainsi les uns après les autres jusques au dernier. Je laissai Monsieur de Villequier à la tête de la cavalerie ; et quand j'eus joint l'infanterie, je vis qu'il allait trop vite, et qu'elle ne le pouvait pas suivre, parce qu'il avait gelé, que le soleil avait un peu de force, et que la boue s'attachait aux souliers des soldats ; je lui mandai que je le priais d'aller tout doucement ; cela ne dura pourtant qu'un moment. Il reprit son premier train, et je fus obligé de galoper et de le prier moi-même de faire halte, lui disant, que si les ennemis descendaient de la hauteur, dans la grande distance qu'il y avait entre l'infanterie et lui, ils pourraient tailler l'un ou l'autre en pièces. Je le fis arrêter, et marcher l'infanterie ; et quand elle fut à son aile droite couverte de la cavalerie qui était sur la gauche, nous marchâmes ensemble par le flanc ; et quand je vis qu'il n'y avait de place au plus juste que ce qu'il lui fallait pour se mettre en bataille, je le laissai aller, et donnai la distance aux escadrons qu'il fallait qu'ils eussent les uns des autres. Je mis l'infanterie en bataille dans le même ordre, puis nous fîmes à gauche, et nous nous trouvâmes en présence de l'armée ennemie. Monsieur de Pradel qui commandait les gardes, s'avisa qu'il n'avait pas la droite, et me pria que je l'y fisse mettre. Je lui dis : Monsieur, il est vrai que la main droite vous était due, mais maintenant que nous sommes en présence des ennemis, et si proche d'eux, que leur canon donne dans nos bataillons, vous tirer du milieu, et vous mettre à l'aile droite, faire venir Picardie à l'aile gauche, tirer Piedmont de l'aile gauche pour venir auprès de vous qui auriez la droite, cela ne se peut sans courir risque de perdre le combat. Il me répéta qu'il m'en priait. Je lui répondis que la chose ne dépendait plus de moi, que je ne m'étais point mêlé de mettre l'armée en bataille, que lorsque j'avais vu que c'était tout de bon, et qu'il fallait combattre, ayant promis à Monsieur le Cardinal de faire tout de mon mieux pour que l'ordre y fût observé, et qu'il savait bien qu'on ne s'était engagé de venir ici qu'à ma persuasion. Là-dessus il me dit qu'il l'allait prendre. Je lui dis qu'il pouvait faire tout ce qu'il voudrait, mais que s'il en arrivait mal, il répondrait de sa tête. C'est un homme fort prompt de son naturel, il s'en alla aux gardes, et leur fit faire à droite, pour aller prendre l'aile droite. Je me persuadai que Picardie disputerait, et que cela pourrait apporter de la confusion, je fus trouver les officiers, et leur fis faire à gauche, pour aller à l'aile gauche, et envoyai un officier de Piedmont faire à droite au régiment, pour se venir mettre auprès de gardes. Monsieur de Turenne qui était sur le haut, et qui nous y aurait attendu immanquablement, n'eût été qu'il crût tirer avantage du désordre qu'il croyait être dans notre infanterie, parce qu'il fallait qu'allant d'un côté et d'autre, ils fussent comme dans un peloton, fit descendre sa cavalerie pour nous venir charger. En descendant de la hauteur, il fit rencontre sur son aile de notre aile droite, qui résista avec sept escadrons de vieilles troupes à ceux de Monsieur de Turenne. Dans le même temps qu'ils combattaient, les escadrons qui étaient venus fondre sur nous, nous croyaient trouver en désordre ; mais m'étant rencontré au milieu de l'infanterie, je fis faire à gauche à ceux main droite, qui étaient allés par le flanc pour tourner le front aux ennemis, et à ceux de la gauche à droite pour faire la même chose, avec défense de ne point tirer, à moins que la cavalerie ne fût à quatre ou cinq pas de nos bataillons ; ce qui fut fort bien observé : et ce qui m'avait porté à faire cette défense, était que nous n'avions point de piques. Les ennemis sonnèrent la charge, nous dirent des injures, et n'osèrent nous enfoncer. Ils firent un caracol, et tombèrent sur les troupes qui nous joignaient, qui étaient des étrangers, comme les régiments de Guerés, de Cravates et de Bins ; enfin sur les escadrons les plus proches de nous, et les renversèrent. Bins et Guerés y furent tués. Ils nous tournèrent pour nous attaquer en flanc, nous tournâmes comme eux ; ils vinrent encore sur notre aile gauche, nous tournâmes de ce côté-là ; ils se mirent derechef devant nous, sonnant toujours la charge ; mais n'osant nous enfoncer. Je m'avisai de leur dire : Vous allez mal passer votre temps, voilà Monsieur d'Hocquincourt, dont vous voyez reluire les épées, qui s'en vient vous tailler en pièces. Est-ce que vous ne voyez pas bien que vous avez perdu le combat, Monsieur d'Aumont a battu votre cavalerie qui était à votre aile gauche, et votre seconde ligne a pris aussitôt la fuite ? Ils tournèrent la tête, et regardant, ne virent point de troupes autour d'eux. Ils ôtèrent la paille qu'ils avaient à leurs chapeaux, qui était la marque pour se reconnaître dans la mêlée du combat, et se mirent à fuir.

Dans ce temps-là une partie de leur infanterie était descendue par derrière la chaussée de Brunehaut ; ils faisaient environ quatre à cinq mille hommes, qui étaient les troupes de Monsieur le Prince et de Monsieur de Turenne, que Monsieur de Bourdet commandait. Avant que d'attendre et savoir qui avait gagné ou perdu, je fis faire à notre infanterie un quart de conversion, afin de tourner vers la leur, qui était derrière la chaussée ; et comme nous avions plus de front qu'ils n'en avaient, l'aile droite les aurait pris par le flanc gauche, et notre aile gauche par le flanc droit, je fis marcher l'infanterie droit à eux. Comiac, capitaine aux gardes, et le major d'Herbonville, étaient avec moi. Comme j'étais connu d'eux tous, ils crièrent : Monsieur de Puységur, faites-nous bon quartier. Comiac répondit : Point de quartier ; là-dessus ils tirèrent une salve de coups de mousquets. Comiac et le major d'Herbonville y furent tués. L'infanterie arriva qui en tua quelques-uns. Ils s'abstinrent d'en tuer davantage, étant tous Français, et gens qu'ils connaissaient. Cette infanterie étant défaite, et les officiers pris, je fis marcher sur le haut de la hauteur, d'où Monsieur de Turenne était descendu, et remis l'infanterie en bataille. Monsieur de Villequier revint, et me dit que j'étais témoin comme les choses s'étaient passées, et que je savais qu'il avait fait son devoir. Je lui répondis : Monsieur, vous n'avez pas besoin de témoins pour faire connaître que vous êtes brave, toute la France le sait. Aussi est-il bien véritable qu'il y fit fort bien, et les sept escadrons qui étaient à notre aile droite, y firent aussi des merveilles. Les escadrons de Monsieur de Turenne qui étaient à son aile gauche, y firent leur devoir quoi qu'ils aient été battus. La seconde ligne des ennemis n'y fit rien qui vaille, elle prit la fuite ; ce qui obligea Monsieur de Turenne à descendre pour venir au combat, et quitter l'avantage qu'il avait d'être sur une hauteur, fut le désordre dans lequel il crut qu'était notre infanterie, à cause du changement des gardes à l'aile droite ; et que la vérité est, que notre seconde ligne, dont l'aile droite était de troupes allemandes, n'était pas encore arrivée, et ne faisait que commencer à paraître. Après avoir mis les troupes sur la hauteur, Monsieur de Villequier me dit que Monsieur de Manikan était blessé. Je m'avançai à quatre cents pas du lieu où il était. Dom Stève de Gamare qui était prisonnier [1], était près de lui. Mon cheval qui n'avait mangé de quarante heures, approchant de Monsieur de Manikan, et moi n'en tenant pas bien la bride, il prit la paille que Dom Stève de Gamare avait à son chapeau, et le lui fit tomber de dessus la tête ; cela le mit en grande colère contre moi. Je m'excusai autant qu'il m'était possible sur la faim de mon cheval ; et quoi que je pusse faire, il me fut impossible d'obtenir de pardon ni pour moi ni pour ma bête.

Dans cette bataille les ennemis perdirent trois ou quatre mille hommes, qui furent tués ou faits prisonniers [2]. Le colonel Roze [3] qui avait quatre escadrons de la première ligne de l'aile gauche

1. De Quincy appelle cet officier général M. de *Gamar*. Bussy-Rabutin et Montglat l'appellent Don Estevan de Gamarre.

2. Voir les récits beaucoup moins amples de Montglat (t. III, p. 157-159), de Quincy (t. I, p. 134-135), etc.

3. Reinolt de Rozen, Seigneur de Crosroop en Livonie, d'abord un des lieutenants du duc de Weimar, puis (1644) lieutenant général des armées du roi de France, gouverneur de l'Alsace en 1652, mort en 1667. Il ne faut pas le confondre avec son gendre Conrad de Rozen, comte de Bolweiller, qui entra au service de la France en 1651 et qui devint maréchal de France en 1703. Voir sur le colonel Roze les *Mémoires* de Richelieu, ceux de Monglat, les *Lettres* du cardinal Mazarin publiées par M. Cheruel, etc.

de notre infanterie, et autant sur l'aile gauche de notre seconde ligne, y fuirent tous ; et quand ils virent que la bataille était gagnée, ils revinrent, et coururent après les ennemis, dont ils firent un tiers prisonniers. Monsieur le maréchal du Plessis voulait camper sur le champ de bataille, comme on faisait anciennement quand on en avait gagné une. Je lui dis: Monsieur, il ne faît pas bon camper au quatorzième de décembre, il faut laisser mille ou douze cents chevaux, les y faire camper avec autant de fantassins qui rangeront ces charrettes, se mettront dedans, et s'en chausseront ; et si les compagnies des cavaliers commandés trouvent du fourrage en leur quartier, ils en porteront à ceux qui sont en garde. Il vint des paysans des environs ; on leur demanda quels villages il y avait là-auprès ; ils dirent qu'il y avait Saumepuis, qui est un grand village, et deux ou trois autres autour, dans lesquels on mit la cavalerie ; et Monsieur le maréchal du Plessis me commanda d'aller devant à Saumepuis pour y cantonner les troupes ; quatre régiments d'infanterie y allèrent avec huit compagnies franches, les gardes des généraux : je les cantonnai toutes, un chacun fut à couvert, et tout à fait bien. Ce lieu avait été conservé, et nous y trouvâmes toutes les granges pleines de blé, de seigle et de foin. Le soir les généraux étant arrivés, je fus chez Monsieur le maréchal du Plessis. Monsieur de Villequier me mena à son logis pour me faire souper. Je trouvai qu'on se mettait à table, mais y voyant Dom Stève de Gamare, je n'y voulus pas manger, afin qu'il prît sa réfection à son aise, et avec plus de satisfaction. Je me fis donner seulement un verre de vin, et m'en allai au lieu où était logé le régiment, et je me couchai dans du foin. Deux jours après Monsieur le cardinal vint à Saumepuis [1]. On resserra un peu les généraux, et il se trouva assez de logement pour lui et pour toute sa suite. Sitôt qu'il fut arrivé, il se coucha, à cause de sa goutte, et me dit : Puységur, tout nous a réussi, comme vous me l'aviez dit, qu'est-ce qu'il y aurait maintenant à faire ? Je lui dis : Monsieur il y aurait une belle chose. (Monsieur Colbert y était présent [2].) Hé quoi ? dit-il. — Ce serait d'aller au Havre trouver Monsieur le Prince et lui dire : Monsieur, toutes les forces d'Espagne, les vôtres et tous vos amis, n'ont pû empêcher que nous n'ayons gagné la bataille; mais bien loin de me servir de ce bel avantage, je viens ici, l'ayant fait agréer à la Reine, pour vous sortir tous trois de prison, et vous ramener à la cour ; mais à condition que vous servirez bien le Roi, et que vous serez de mes amis. Il me répondit : Vous n'êtes

1. C'est Somme-Puis ou Sompuis, chef-lieu de canton de la Marne, arrondissement de Vitry.

2. Le futur ministre, alors âgé de trente ans, était chargé des affaires particulières du cardinal Mazarin.

pas le premier qui m'a dit cela, voilà une lettre du bon homme Senectaire [1], qui me mande la même chose ; mais cela ne se peut pas faire, la Reine est trop en colère contre Monsieur le prince, à cause de l'affaire de Gerzé [2]. Tout ce que je vous puis dire, est que je vous demande la vérité comme le combat s'est passé, parce que les uns disent que c'est la cavalerie qui l'a gagné, et les autres assurent que ç'a été l'infanterie. Je leur ai dit que je le saurais de vous. — Monsieur, lui dis-je, la cavalerie a fort bien fait, et l'infanterie aussi, il y paraît par le gain de la bataille qui va mettre la frònde de Paris bien bas, et élever votre Eminence bien haut. Il me dit : J'ai écrit à la Reine, et lui demande la compagnie de Comiac pour d'Ortie [3], et d'Ortie vous donnera dix mille écus pour récompense du service que vous avez rendu à la bataille. On a de coutume de donner dix mille livres à celui qui met l'armée en bataille, quand on la gagne ; et vous, vous aurez dix mille écus au lieu de dix mille livres. Il donnera encore dix

1. On avait imprimé *Secrétaire* pour *Senectaire* Henri de Senectaire ou mieux de Saint-Nectaire, marquis de la Ferté-Nabert, chevalier des ordres du roi, lieutenant général, etc. mourut le 4 janvier 1662, âgé de 89 ans. Melle de Montpensier (*Mémoires*, t. III, p. 80) l'appelle, comme Mazarin : *le bonhomme M. de Sennecterre*. Relevons, en passant, une erreur du dernier éditeur de ces mémoires, M. Cheruel, qui (Ibid. note I) fait de Henri de Saint-Nectaire un maréchal de France, le confondant ainsi avec son fils, Henri François, duc de la Ferté.

2. René du Plessis de la Roche-Pichemer, comte de Jarzé, Jerzé ou Gerzé, mort en 1692. Sur sa passion pour Anne d'Autriche et sur sa disgrâce, voir tous les mémoires du temps, mais surtout ceux de Mlle de Motteville.

3. Antoine de Boissonnade, seigneur d'Orties ou mieux d'Orty, capitaine au régiment de Picardie en 1641, lieutenant au régiment des gardes françaises en 1647, mort en août 1692.

mille écus à Chaumontée, qui était lieutenant colonel de Navarre, qui s'était donné à lui. Je lui dis : Je connais mieux d'Ortie et ses biens que vous ne le connaissez, il est Gascon [1], et n'a rien vaillant que sa charge, et ainsi il ne peut donner que cette charge.

Durant que la bataille se donnait, Vautourneux [2] qui était lieutenant colonel du régiment de son Altesse Royale, fut à Paris trouver Monsieur, pour demander la compagnie de Comiac pour lui à la Reine, qu'elle lui refusa ; mais Monsieur le duc d'Orléans s'en mit en colère, et la lui fit donner par force. Tandis que Monsieur le cardinal était à Saumepuis, il me commanda de faire chercher tous les drapeaux et les cornettes, et qu'il donnerait à ceux qui lui en apporteraient, deux pistoles de chaque drapeau, et quatre pistoles de chaque cornette. Je lui en cherchai le plus que je pus, mais la plus grande partie ne les voulurent pas bailler ; disant : Je suis seigneur d'une paroisse, je suis bien aise d'y mettre ce drapeau que j'ai gagné. A la fin je lui en amassai douze ou quinze, desquels il y en avait cinq ou six qui étaient des hérissons relevés en broderie d'or, qui coûtaient plus de cinquante écus, et il n'en voulait donner que quatre pistoles ; néan-

1. Il était né à Agen. Sa famille a fourni à l'église de Bazas un évêque, Guillaume de Boissonnade, qui siégea de 1668 à 1682.

2. Ce Vautourneux, étant capitaine aux gardes, fut tué au siège de Condé en 1655 (*Mémoires* de Bassy, t. I, 436 ; *Mémoires* de Montglat. t. IV, p. 19).

moins il en eut deux des officiers d'Esclinvilliers et un du régiment d'Anjou qui les lui baillèrent, et n'en voulurent point d'argent. Monsieur le cardinal s'en retourna.

Dans ce temps-là Monsieur le maréchal du Plessis faisait chercher son fils partout [1]. Je savais qu'il avait été tué. Étant un jour en son logis, assis devant le feu avec lui, il me dit la douleur qu'il avait de ne savoir point de nouvelles de son fils ; et que, s'il était mort, ce lui ferait plus de plaisir de lui dire que de lui céler. Je lui dis : Je crois, Monsieur, que ceux qui le savent, ne vous doivent pas cacher cela ; il ne se donne point de grand combat, qu'il ne meure bien des gens. Tous les trompettes que vous envoyez, vous rapportent qu'il n'y a point de nouvelles de lui dans l'armée des ennemis. — C'est, dit-il, ce qui me fait croire qu'il faut qu'il soit mort. Je lui répondis : Monsieur, vous vous en devez consoler, s'il est mort, il est mort dans une belle action, qui est une bataille donnée et gagnée par Monsieur son père. — Hélas, dit-il, j'en suis tout consolé, si quelqu'un le sait, qu'il me le dise. — Monsieur, je suis bien aise de vous voir bien résolu, et dans l'état où je vous vois, je vous dis avec bien du déplaisir, qu'il est vrai que Monsieur votre fils est mort. Il jeta quelques larmes, et je vis qu'il était fort touché.

1. Charles de Choiseul, comte du Plessis, maréchal de camp, alors âgé de 24 ans.

Il vint là d'autres gens, auxquels il dit qu'il venait d'apprendre une nouvelle bien fâcheuse, que la seule consolation qu'il avait dans son affliction, était que ses enfants mouraient en servant le Roi; qu'il en avait déjà perdu un autre en pareille occasion. Quatre jours après le départ de Monsieur le cardinal, on envoya les ordres pour les quartiers d'hiver. Un chacun s'en alla dans le sien, et moi je vins à Paris, où Monsieur le duc d'Orléans me dit, que si Monsieur le cardinal eût demandé la compagnie de Comiac pour moi, il ne l'aurait pas demandée à la Reine pour Vautourneux, comme il l'avait fait; mais comme Monsieur le cardinal la demandait pour Chaumontée et pour d'Ortie, cela l'avait obligé de la demander pour Vautourneux, et que je fusse assuré, que si j'en voudrais une, il emploierait son crédit pour me la faire donner. Je le remerciai de sa bonne volonté, je savais qu'il commençait déjà d'être brouillé avec la Reine, et je ne voulais point avoir d'engagement avec lui, et moins encore d'obligation, quoiqu'il fût le meilleur prince qui ait jamais été. La raison est, parce que quand nous sommes engagés et obligés à quelqu'un, il le faut servir lorsqu'il a besoin de nous. Le démêlé de Monsieur allait croissant de jour en jour avec le Roi et la Reine, du parti desquels je ne me suis jamais séparé. Quant au service que je rendis à cette bataille, je n'en ai jamais rien eu.

CHAPITRE IX.

(1651)

Révolte d'une partie de l'armée commandée par le maréchal d'Aumont ; les révoltés veulent mettre Puységur à leur tête. — Discours qu'il leur adresse pour les calmer et les ramener au devoir. — Il est envoyé à la cour par le maréchal d'Aumont, il tombe malade en route (à Saint-Quentin), et reçoit une lettre du roi qu'il a soin de reproduire en entier. — Puységur à Soissons avec le maréchal d'Estrées et M. de Montbazon. — Prise de Concy par le maréchal d'Estrées. — Le comte de Ligneville reprend cette ville. — Puységur obtient qu'elle se rende au roi, moyennant 150,000 livres. — Il va à Paris, où le sieur de Besançon, de la part du duc d'Orléans, cherche à lui faire abandonner la cause du roi. — Entretien de Puységur avec le duc d'Orléans. — Compliments que lui adresse la reine-mère. — Le maréchal d'Estrées ordonne à Puységur de se jeter dans la ville de Laon. — Siège de Château-Porcien. — Entretien de Puységur avec Mazarin. — Capitulation de Château-Porcien.

L'ANNÉE suivante, Monsieur de Villequier, qui avait été fait maréchal de France sous le nom d'Aumont, eut le commandement de l'armée, et l'assemblée se fit aux environs d'Ancre [1].

1. Aujourd'hui *Albert*, chef-lieu de canton du département de la Somme, arrondissement de Péronne, à 25 kilomètres de cette ville.

Elle entra dans le pays ennemi par Arlu, à Bouchin, à la Gorde et à Cassel [1]. Enfin pendant toute cette campagne, on ne fit que vivre dans les terres des ennemis, et sur la fin l'armée vint camper à Casteau-Cambresis. On avait cependant fait assembler les troupes qui étaient à Monsieur le Prince à Marle [2], et on en avait donné le commandement à Monsieur de Foleville, maréchal de camp [3], qui en était très mal obéi. Et une marque de cela est, que sur la nouvelle qu'ils eurent que Monsieur d'Aumont avait détaché Monsieur de Castelnau [4] avec des troupes pour les charger, elles partirent un beau matin, se jetèrent dans les Pays-Bas, et se retirèrent à......... Il arriva une chose assez étrange. Le jour que les troupes partirent du rendez-vous, comme elles furent toutes assemblées, elles se mutinèrent, et je crois que cela avait été concerté dès auparavant, étant rangées en bataille. Des officiers presque de tous les régiments, me vinrent trouver, comme j'étais à la tête de celui de Piedmont, et que Monsieur d'Aumont était sur une montagne près de là, qui voulait voir marcher l'armée, et la faire

1. Chef-lieu de canton du département du Nord, arrondissement d'Hazebrouck, à 14 kilomètres de cette ville.

2. Chef-lieu de canton de l'Aisne, arrondissement de Laon, à 25 kilomètres de cette ville.

3. A la place de ce nom, figurent des points dans les précédentes éditions. Pour toute l'affaire ici racontée, voir les *Mémoires* de Bussy, ceux de Tavannes, etc.

4. Jacques, marquis de Castelnau-Mauvissière, maréchal de France en juin 1658, mortellement blessé au siège de Dunkerque en juillet de la même année, étant âgé de 38 ans.

défiler devant lui par régiments. Ces officiers me dirent qu'ils venaient vers moi, pour me représenter qu'il fallait que nous considérassions l'état où nous étions depuis la mort du feu Roi, qu'on ne nous payait en aucune façon, et qu'on ne récompensait pas un de ceux qui avaient bien servi, et que je l'éprouvais par moi-même, et que si nous voulions, nous pourrions bien nous faire payer, et nous faire considérer; que nous n'avions pour cela qu'à députer à la cour, et demander payement, faute duquel, il nous fallait joindre avec ceux de Paris et avec les révoltés. Je leur répondis que j'étais bien surpris des propositions qu'ils me faisaient, et que bien loin de me joindre avec eux, je ne serais jamais d'autre sentiment que de servir le Roi, et faire la guerre aux rebelles. Ils me dirent : Si vous ne voulez pas vous joindre avec eux, ne marchons point du côté des Flandres, où Monsieur d'Aumont nous veut mener, mais allons prendre Compiègne et y demeurons jusqu'au temps qu'on nous ait payé les arrérages qui nous sont dus sur le pied de dix montres, et nous faisons assurer le payement à l'avenir, et pour vous marquer l'estime qu'on fait de vous, vous serez élu pour nous commander. Je leur répondis : Votre élection est fort bonne pour faire pendre un homme, je crois même que ce ne serait pas assez, qu'il faudrait le brûler tout vif, et pour moi, je ne commanderai jamais de troupes contre le service de Sa Majesté, et je suis étonné de voir une révolte générale contre son Roi, fils d'un autre Roi, qui a tant aimé les gens de guerre, et principalement son infanterie, et qui a tant fait connaître pendant le cours de sa maladie et dans sa mort, que quelques troubles qui arrivassent dans son état durant le temps de la minorité du Roi son fils, l'amitié que les gens de guerre avaient pour lui, le conserverait et le tirerait d'affaire, quand il lui en arriverait; que pour moi, je savais fort bien que le feu Roi m'avait donné beaucoup de marques de son amitié, et qu'il avait une grande confiance en moi; que l'autorité et le crédit que j'avais dans l'infanterie, venait par la bonté qu'il avait eue de ne pas refuser de donner les charges qui vaquaient aussi bien dans les autres régiments que dans celui de Piedmont, à ceux pour qui je les demandais. Vous devez juger par là, s'il est possible que je puisse tomber dans le malheur où vous nous voulez mettre. Tout ce que je puis vous dire, c'est qu'il faut dans l'état présent où sont les affaires, que nous prenions patience, et lorsque le Roi sera grand, il reconnaîtra nos services et nous fera récompenser. Ils me répondirent : Et pendant ce temps-là, de quoi vivrons-nous ? — Vivons, leur dis-je, de ce que nous pourrons ; mais Messieurs, il faut se résoudre à marcher. Ils me dirent : Pour nous, nous ne marcherons point. Je me tournai vers le régiment de

Piedmont, et commandai au tambour de battre, et fis marcher le régiment, quoique ce ne fût pas à lui de marcher le premier. Nous fîmes ce que nous devions pendant la campagne, que je fus envoyé à la cour de la part de Monsieur le Maréchal d'Aumont et de toute l'armée pour assurer le Roi de leur fidélité et obéissance ; et étant tombé malade à Saint Quentin, j'écrivis au Roi, dont j'ai la réponse de sa main, en ces termes :

MONSIEUR DE PUYSÉGUR,

La lettre que mon cousin le maréchal d'Aumont m'écrit, m'apprend le choix que lui et tous les officiers de mon armée qu'il commande, avaient fait de votre personne pour me venir rendre des témoignages de leur obéissance ; et celle que vous m'avez écrite, me fait savoir avec regret votre prompte et dangereuse maladie qui vous a empêché de vous acquitter de cette commission. Je souhaite que la suite de votre mal ne soit pas fâcheuse, et que je puisse reconnaître en votre personne les services que vous avez rendus depuis si longtemps, et si utilement au feu Roi mon seigneur et père et à moi. Je le ferai avec beaucoup plus de plaisir qu'en celle de vos enfants que vous me recommandez, dont néanmoins je vous promets que si Dieu dispose de vous, j'aurai tout le soin que vous pouvez attendre d'un bon Roi, et qui sait reconnaître et récompenser les fidèles serviteurs. C'est ce que je vous dirai par cette lettre, priant Dieu qu'il vous renvoie votre santé, et qu'il vous ait, Monsieur de Puységur, en sa sainte garde. Écrit à Paris ce 16 septembre 1651.

Signé LOUIS.

Le régiment de Piedmont eut ordre de prendre son quartier d'hiver à Soissons ; et le lieutenant de Roi fit difficulté de nous laisser entrer, disant qu'on n'avait pas l'attache de Monsieur de Montbazon [1]. On lui dit qu'on avait celle de Monsieur le maréchal d'Estrées, lieutenant de Roi de la province [2], et qu'on n'était pas obligé d'aller chercher un gouverneur qui était dehors de sa place, et que l'attache d'un lieutenant de Roi était bonne. Il n'eut point d'égard à toutes ces raisons-là. On envoya Bellefond, capitaine du régiment, trouver Monsieur de Montbazon qui était à Rochefort, qui la lui bailla. Après cela les habitants de Soissons firent aussi leur difficulté, disant qu'ils n'avaient que faire de régiment dans leur ville pour leur être à charge, et qu'ils ne voyaient point de fonds ni pour le pain ni pour l'argent. Moi qui reconnaissais que par l'intrigue de Madame de

1. Hercules de Rohan duc de Montbazon, gouverneur et lieutenant-général pour le roi de la ville de Paris et de l'Ile-de-France, mort en 1654, âgé de 86 ans.

2. François Annibal, marquis de Cœuvres, duc d'Estrées, pair et maréchal de France, mort le 5 mai 1670, presque centenaire.

Montbazon [1], Soissons s'allait perdre, je m'offris de faire fournir le pain au régiment. Ils me dirent qu'ils ne voulaient point de mon obligation, mais que si je pouvais trouver deux bourgeois qui fussent riches, et qui voulussent s'obliger à le fournir, ils le voulaient bien, et que ces deux bourgeois pourraient prendre leurs sûretés, en me faisant obliger de leur payer à eux. La chose fut ainsi accordée et conclue, et je leur donnai pour caution Monsieur Hébert, trésorier de France et un autre nommé Bonnet, marchand de blé. Il fallait tous les jours quinze septiers de blé, mesure de Soissons, et le blé coûtait soixante-deux écus. Nous entrâmes dans Soissons, et deux jours après je fis armer le régiment d'armes que j'avais fait venir de Paris, sans que personne en eût rien su. Elles étaient dans la maison. Il y avait six cents mousquets et six cents bandoulières, j'avais aussi quatre barils de poudre ; une tonne de mèche, et deux barils de plomb, que j'avais gardés lorsque je commandais les troupes de Monsieur d'Aumont proche de Soissons. J'armai tout le régiment dans ma maison, et le jour même au sortir de la cour du logis, je marchai à six de front, et fis le tour dans toutes les rues de la ville. Quelques bourgeois mal intentionnés,

1. Marie de Bretagne, que le duc de Montbazon épousa en secondes noces (1628) et qui mourut à 45 ans, en 1657. Voir une des *Historiettes* de Tallemant des Réaux (t. IV, p, 461). Tallemant a consacré une autre de ses *Historiettes* au duc de Montbazon (t. IV, p, 471).

furent surpris, et disaient qu'ils n'avaient pas cru que nous fussions en si bon état. Deux jours après que j'eus fait cette revue, Monsieur Sanguin lieutenant de Roi dans la ville, reçut un ordre de Madame de Montbazon, écrit de sa main, et signé de Monsieur son mari, par lequel elle lui mandait qu'il se gardât bien de laisser entrer dans Soissons le maréchal d'Estrées son ennemi juré. Ce maréchal qui devait partir deux jours après pour aller en Brie, à une terre qu'il avait achetée de Monsieur de Villemontée, m'envoya un gentilhomme pour me parler, et me demanda s'il était vrai que j'eusse reçu cet ordre-là, ainsi qu'on lui avait dit. Je dis à ce gentilhomme qui s'appelait Monsieur de Ville, qu'il était vrai que je l'avais vu, et que Monsieur Sanguin me l'avait montré. Il me dit : Monsieur, Monsieur le maréchal est résolu de venir à Soissons, si vous lui voulez donner parole que vous le ferez entrer ; et il croit que vous le pouvez, quand même les habitants ne le voudraient pas. Je lui répondis, que je souhaitais fort que Monsieur le maréchal vînt, que je lui faciliterais l'entrée autant qu'il me serait possible, et qu'il le pouvait assurer que je ferais tout de mon mieux pour le recevoir ; mais que je ne croyais pas qu'il souhaitât que je misse la main aux armes contre les habitants, et que je leur fisse entre-couper la gorge avec les soldats ; que du reste, je ferais tout mon possible. Il me dit que Monsieur le Maréchal serait le lendemain à huit heures à la porte de Soissons. Je lui repartis qu'il y serait le bien venu. Il ne manqua pas d'arriver le matin à l'heure qu'il avait dite, et il se trouva que dans ce temps-là le Sieur Sanguin avait prié la plupart des officiers d'aller déjeuner au château chez lui, ce qu'ils lui avaient promis : et moi qui ne savais pas le dessein de Monsieur le maréchal, je les y avais laissé aller. Je fus sur les huit heures devant le château, où je le trouvai avec une partie des officiers. Je le tirai à quartier, et lui dis : Monsieur, comme vous commandez ici en qualité de lieutenant de Roi, je sais fort bien que je ne dois pas faire battre le tambour, pour assembler le régiment sans vous en parler ; je viens vous dire que Monsieur le maréchal sera ici dans une demi-heure,et qu'il faut que je lui donne une garde de cent hommes. Il fut fort surpris, et me demanda si cela était vrai. Je lui répondis qu'il n'y avait rien de si véritable. Il me dit : Que ferai-je ? — Avez-vous, lui repartis-je, changé de résolution depuis hier, vous me disiez qu'il n'entrerait point, que vous vous feriez plutôt égorger que de le laisser entrer ? Je ne voulus pas vous rien répondre, quoique je visse bien que vous étiez mal fondé. Pouvez-vous empêcher le lieutenant de Roi d'une province d'entrer dans une des villes de son gouvernement ? Vous me direz que vous avez un ordre du gouverneur de la province, de ne le pas laisser entrer ; vous voyez bien que c'est Madame de Montbazon qui vous fait faire cette défense. Je ne pense pas que l'ordre soit signé de Monsieur son mari ; et quand il le serait, vous ne devez pas lui refuser la porte, il ne vous mande point dans l'ordre qu'il vous envoie, qu'il en a reçu un du Roi, qu'il doit avoir entre ses mains, et par lequel le Roi lui mande qu'il ne veut pas qu'il laisse entrer Monsieur le maréchal d'Estrées dans Soissons ; et que s'il ne vous envoie point l'ordre, c'est de crainte qu'il ne soit perdu en vous l'apportant. Il me dit : Conseillez-moi en ami sur ce que je dois faire en cette conjoncture. Dans ces entrefaites, comme Monsieur le maréchal approcha, le guet sonna. Il me dit : Irai-je au-devant de lui ? Si vous y allez, je crois que vous ne rentrerez pas. — Dites-moi donc, je vous prie, ce que je ferai ? Je lui répondis : Tenez-vous dans votre château, et n'en sortez point. Quand Monsieur le maréchal sera entré, je l'irai voir en son logis, et lui dirai que si vous eussiez cru qu'il l'eût agréé, vous auriez été au-devant de lui, et je tâcherai de faire votre paix. En attendant, allez-vous en déjeuner avec une partie de ces Messieurs, car pour l'autre j'en ai besoin. Je fis prendre les armes à tout le régiment, je mis cent hommes en garde devant la maison de Monsieur le maréchal, qui se logea dans la place, vis-à-vis celle de l'hôtel de ville ; et pour le reste du régiment, une partie demeura dans le bourg de Saint-Wast, et une autre devant l'Évêché. Monsieur le maréchal entra dans la ville, la plupart des bourgeois ne le voulaient pas ; néanmoins ils n'osèrent le témoigner, voyant l'état où était le régiment. Deux jours après son arrivée, je menai Monsieur Sanguin chez lui ; Monsieur des Croisettes, lieutenant général, et quelques-uns des échevins, vinrent aussi le voir. Comme on fut assemblé dans sa maison, je dis à Monsieur le maréchal que la ville de Soissons n'était pas en sûreté, que Paris étant contre le Roi, et tant de gens dans ce parti-là, on pourrait bien surprendre Soissons ; qu'il y avait trois grandes brèches, par lesquelles on montait et descendait quand on voulait, qu'il y avait deux égoûts, l'un proche Saint-Léger, et l'autre vers Saint-Rémy, par lesquels égoûts nos soldats entraient et sortaient de même ; qu'outre cela il n'y avait pas un pont-levis que l'on pût lever, et qu'ainsi il serait bon de faire faire garde par les gens de guerre avec les habitants, tant aux portes qu'aux brèches, et fermer les égoûts avec de bonnes grilles de fer.

Aussitôt les habitants dirent qu'ils ne souffriraient pas que les gens de guerre fissent garde. Je leur dis: Hé bien, nous n'en ferons point dans la ville, si vous ne voulez, mais nous mettrons un sergent avec dix hommes, entre le tape-cu et le pont-levis devant chaque porte, et autant dehors la ville devant chaque brèche, et ainsi la ville ne pourra pas être surprise, et les habitants et les gens de guerre ne courront aucun hasard pour cela. Ils consentirent qu'on fît garde aux portes et aux brèches, ce qui fut fait. Deux jours après Monsieur Sanguin reçut une lettre de Madame de Montbazon, qui lui mandait de faire tenir un logis prêt pour Monsieur de Montbazon, qui arriverait le lendemain de la réception de la lettre qu'il me fit voir, et je fus trouver Monsieur le maréchal d'Estrées, à qui j'en dis la teneur. Il me dit aussitôt, qu'il ne fallait pas le laisser entrer. Je lui demandai pourquoi il ne voulait pas qu'il entrât : Parce, me dit-il, qu'il perdra tout quand il sera dans la ville. — Mais, lui dis-je, vous n'avez point d'ordre du Roi pour l'en empêcher, et ainsi je ne pense pas que vous le deviez faire. De plus toute la ville se révolterait contre vous. Ils avaient bien dessein de ne vous pas laisser entrer vous-même, et n'y auraient jamais consenti, si je ne leur eusse dit qu'il fallait un ordre du Roi, qu'autrement ils ne pouvaient pas vous refuser la porte; et ainsi ils ne manqueront pas de vous dire, que puisque vous n'avez point d'ordre du Roi, que vous ne pouvez pas l'empêcher d'entrer. — Comment ferez-vous, me dit-il, quand il sera entré ? Je lui répondis : Monsieur, je lui donnerai une garde de cent hommes, comme vous en avez une, et ainsi j'aurai toujours le tiers des soldats en armes. Je me mettrai en haie quand il entrera, et quand il sortira le tambour appellera; mais il ne battra pas aux champs comme pour vous, attendu que cela n'est dû qu'aux maréchaux de France, d'autant qu'ils sont généraux mais dès qu'ils sont créés maréchaux. Il aura aussi capitaine, lieutenant et enseigne comme vous en avez. Il me dit de faire comme je l'entendrais, mais qu'assurément il gâterait tout lorsqu'il serait dans la ville. Quand les habitants, qui avaient demandé Monsieur de Montbazon, surent qu'il revenait, et qu'on cherchait un logis pour lui, pas un d'eux ne le voulut loger. Je rencontrai les échevins, qui me dirent qu'ils ne pouvaient trouver de logis pour Monsieur de Montbazon. Je leur dis : Que ne le logez-vous au château? — Nous y avons bien songé, me répondirent-ils, mais nous n'avons point de meubles. — J'en ai, leur dis-je, et je lui meublerai deux chambres si vous voulez. Ils me prirent au mot, et témoignèrent en être aises. La vérité est que j'en étais plus aise qu'eux, d'autant qu'étant logé dans le château, j'y mettrais une garde de cent hommes, ainsi j'étais maître du château et du gouverneur de la province. J'appréhendais ce château, parce qu'il y avait deux fausses portes, par où l'on pouvait faire entrer des gens. Monsieur de Montbazon arriva dans le temps le plus froid qu'il eût fait de toute cette année-là, il était accompagné de Monsieur Lailhière Grimaut, je l'attendis au château, où il fut descendre. Il se coucha dès aussitôt qu'il fut arrivé ; Monsieur le maréchal d'Estrées le vint voir ensuite, et ils s'entretinrent une demi-heure durant devant tout le monde. Monsieur de Montbazon lui dit: La vérité est que vous n'êtes pas meilleur serviteur du Roi que moi, mais j'avoue que vous êtes plus fin. Huit jours après son arrivée, il reçut un ordre de Sa Majesté, qui lui commandait de sortir de Soissons, et de s'en retourner à Rochefort. Il reçut la lettre à deux heures après midi, il avait envoyé son carrosse et ses chevaux à Paris ; c'est pourquoi il me demanda le mien, parce qu'il voulait partir sur l'heure. Il s'était fait arracher ce jour-là une dent, et en avait le visage fort enflé. Je lui dis : Monsieur, je ne puis vous prêter mon carrosse ni mes chevaux que pour demain, parce qu'ils sont en ma maison, à une lieue d'ici, où je vais les envoyer quérir ; vous ne sauriez aller à plus d'une lieue, et demain ils vous mèneront à Nanteuil [1]. Il me dit: Ce qui me presse de partir, c'est que la religieuse (il appelait ainsi Madame sa femme) m'écrit que je recevrai une lettre du Roi, par laquelle il me mande que j'aie à sortir de Soissons, mais que je n'en fasse rien, parce

1. Nanteuil-la-Fosse, commune de l'Aisne, arrondissement de Soissons, canton de Vailly, à 12 kilomètres de Soissons.

qu'elle m'en enverra une autre, par laquelle Sa Majesté m'ordonnera de n'en pas sortir ; mais comme je n'ai jamais manqué d'obéir aux ordres du Roi, sitôt que je les ai reçus, je serais fâché que l'ordre de demeurer m'arrivât auparavant que d'être sorti. S'il en vient un, je le rencontrerai en chemin, et je reviendrai : pensez que vous ne me refuserez pas les portes. Je lui dis que non, et qu'il serait toujours le très bien venu partout où j'aurais du pouvoir. Il partit le lendemain dans mon carosse, et s'en alla à Paris. Monsieur Sanguin eut aussi ordre de sortir de Soissons, ce qu'il fit.

J'avais oublié de dire que j'allais tous les jours au château prendre l'ordre de Monsieur de Montbazon, et qu'il me priait de lui lever la garde de son logis, qu'il ne voulait pas être gardé ; et que, s'il en avait besoin, les habitants s'offraient pour cela. Je lui dis : Monsieur, les gens de guerre ne souffrent point que les gouverneurs ni les généraux d'armées soient gardés par d'autres que par eux, et si nous ne vous gardions pas, vous ne commanderiez point ; c'est la marque du commandement. — Mais, me dit-il, le maréchal d'Estrées ne commande pas ici, et si vous le gardez. — C'est, Monsieur, lui répondis-je, parce qu'il est Maréchal de France, et partant général d'armée ; et l'on lui fait même cérémonie plus qu'à vous, qui est qu'on bat aux champs quand il entre et sort de son logis. Monsieur le maréchal d'Estrées demeura seul commandant dans la province de Picardie et de Soissons. Il voulut assiéger Coucy [1], et pour cet effet, il prit des hommes commandés du régiment de Piedmont, et son régiment. Monsieur de Manikan, gouverneur de la Fère, y fit mener deux pièces de canon qui battirent la ville. Le siège dura sept ou huit jours, dans lequel temps la ville fut prise, et la basse-cour du château, lequel est plus fort du côté de cette basse-cour que de pas un autre. Monsieur de Montbazon pria Monsieur le duc de Lorraine de vouloir secourir Coucy. Il le lui accorda, et Monsieur le comte de Ligneville [2] y vint. Monsieur le maréchal d'Estrées était lors de retour à Soissons. Monsieur de Ligneville entra par une fausse porte du château, tailla en pièces ce qui était dans les tranchées de la basse-cour, et après se rendit maître de la ville. Comme il eut secouru le château, il dit à Monsieur le marquis de Cœuvres : Monsieur, vous êtes gouverneur de Laon, vous y retournerez avec les troupes que vous y voudrez mener. Vous, Monsieur de Manikan, vous retournerez à la Fère, et vous autres Mes-

1. Coucy-le-Château, chef-lieu de canton de l'Aisne, arrondissement de Laon, à 30 kilomètres de cette ville. Les détails donnés par Puységur n'ont pas été connus de M. le chevalier de l'Epinois, auteur de l'*Histoire de la ville et des sires de Coucy* (1859, in-8°, p. 290-294).

2. La maison de Ligneville était une des quatre maisons de l'ancienne chevalerie de Lorraine. Bussy (t. II, p. 45) mentionne le comte de Ligneville, général des troupes lorraines.

sieurs de Piedmont, qui êtes de la garnison de Soissons, vous y retournerez aussi ; et pour vous Monsieur Hébert, vous demeurerez dans le château comme vous faisiez auparavant. Manikan dit: Mes deux pièces de canon, que deviendront-elles ? Il fit promettre à Monsieur Hébert de les laisser retirer de la batterie le lendemain ou dès le jour, si l'on trouvait des chevaux pour les mener à la Fère, ce qui fut fait ainsi : et pour la sûreté de tous les traités qu'ils avaient faits, Vilars, capitaine du régiment de Piedmont, fut emmené par Monsieur de Ligneville pour ôtage. Nous perdîmes dans ce siège-là du seul régiment de Piedmont, quarante cinq soldats, Soret, capipitaine, un lieutenant et un enseigne y furent blessés. Stoup, capitaine des gardes suisses, reçut une blessure, de laquelle il mourut. Au retour du Roi, Monsieur le maréchal me fit aller à Coucy de la part de Sa Majesté, pour traiter avec Monsieur Hébert pour sortir de cette place. Je fis l'accommodement, il en sortit moyennant cent cinquante mille livres, dont six-vingt mille lui furent payées comptant, et trente mille à prendre sur les villages dépendants du gouvernement et sujets au guet de Coucy.

Après le siège de Coucy, je fus à Paris, le régiment eut ordre de venir aux environs, et nous fûmes en trois ou quatre quartiers, à Houdan [1], à

1. Chef-lieu de canton de Seine-et-Oise, arrondissement de Mantes.

Monfort-l'Amaury [1] et à Rozoy [2]. Étant à Paris chez la Reine, Monsieur de Besançon me tira à part, et me dit qu'il me voulait parler. En lui demandant ce qu'il me voulait dire, il me répondit qu'il voulait savoir si je ne reconnaissais pas Monsieur le duc d'Orléans pour le lieutenant général de l'état et couronne de France. Je lui dis que je savais bien qu'à la mort du feu Roi, son frère, on lui avait donné cette charge, mais que son mal était qu'il n'avait pas fait la fonction. Il la veut faire à présent, me dit-il, et j'ai ordre de vous demander si vous et votre régiment ne lui obéirez pas quand il vous commandera. Je lui repartis que j'avais bien du déplaisir de lui dire, que puisqu'il était brouillé avec la Reine qui était régente, qu'assurément nous ne lui obéirions point, à moins qu'elle ne nous le commandât. Il me repartit que je ne pouvais pas refuser d'obéir à un lieutenant-général de l'état et de la couronne de France. Je lui dis que si Monsieur eût commandé dès le jour qu'il avait été mis en charge, il n'y avait pas de doute que moi, tous ceux du régiment, et tous les autres vieux corps, lui auraient obéi très volontiers, mais qu'à cette heure nous ne lui obéirions pas. Il me répondit que tous les autres n'étaient pas de mon même avis. Je lui

1. Chef-lieu de canton de Seine-et-Oise, arrondissement de Rambouillet.
2. Rozoy-en-Brie, chef-lieu de canton de Seine-et-Marne, arrondissement de Coulommiers.

repartis que tous ceux de Piedmont en seraient, et ne feraient sur ce sujet-là, que ce que je leur dirais. Tous vos mestres de camp, me dit-il, ne sont pas de votre sentiment. Cela ne nous importe, lui dis-je, mais vous trouverez peu de capitaines dans les vieux corps qui lui veuillent obéir. Il me répliqua que tous nos quartiers étaient séparés, et qu'ainsi je ne pouvais répondre que du mien. Il y a longtemps que j'ai prévu cela, lui dis-je. C'était une chose très véritable, ayant écrit à tous ceux qui commandaient dans leurs quartiers, que quelque ordre qui leur vînt, s'il n'était signé de Monsieur le Tellier, ou de quelque autre secrétaire d'état, qu'ils ne l'exécutassent pas, et qu'ils n'obéissent point. Vous fâcherez Monsieur le duc d'Orléans, me dit-il, il vous fera sauter les fenêtres du Luxembourg. Je lui répondis que j'en aurais le plaisir, et que je me trouverais dès le lendemain à son lever. Je ne manquai pas d'y aller ; et sitôt que je fus entré dans la chambre de Son Altesse, Monsieur s'en vint à moi, en me disant : Comment te portes-tu, vieux diable ? Je lui répondis: A votre très humble service, Monsieur, après quoi il s'appuya sur mon bras, sortit de la chambre, et s'en alla à celle de Madame. Je m'arrêtai à la porte quand il y entra, et l'attendis. En sortant il s'appuya encore sur mon bras. Je lui dis : Je suis mieux traité de Votre Altesse que je ne croyais : quand je suis entré dans la cour du Luxembourg, j'ai regardé la hauteur des fenêtres ; cela m'épouvantait, sur ce que m'avait dit Monsieur de Besançon, lequel m'ayant demandé si je ne vous obéirais pas en qualité de lieutenant-général de l'état, je lui avais répondu que je n'avais pas vu fairę à Votre Altesse royale cette charge-là, et que je savais qu'elle l'avait eue incontinent après la mort du feu Roi son frère ; que si elle l'eût prise dès le commencement, qu'on lui aurait obéi ; que je le priais de ne pas trouver mauvais si je ne lui obéissais pas ; que Son Altesse savait bien les obligations que j'avais au défunt Roi, et la confiance qu'il avait en moi ; qu'il n'y avait pas d'apparence d'abandonner le Roi son fils, duquel j'étais né sujet, et avais l'honneur d'être lieutenant-colonel d'un de ses vieux régiments ; qu'il fallait qu'il fût persuadé, que ni moi, ni pas un de Piedmont, ne prendraient parti contre Sa Majesté, et que j'étais assuré qu'il en trouverait fort peu dans les autres régiments qui le voulussent faire. Il me dit : Quand on m'a parlé des vieux régiments, j'ai toujours dit qu'il y en aurait peu qui quitteraient. Je lui repartis que Son Altesse pouvait être assurée, que contre tout autre que le Roi et la Reine régente, il n'y aurait pas un seul homme des vieux régiments qui ne la servît de fort bon cœur. Il me fit l'honneur de me répondre qu'il croyait ce que je lui disais. Je le suppliai très humblement de n'être point fâché si nous demeurions dans notre devoir en servant le Roi. Il me dit qu'il ne le trouvait pas mauvais, et qu'il en était bien aise. Je retournai au Louvre, où je trouvai Monsieur de Besançon, à qui je racontai l'entretien que j'avais eu avec Monsieur. Huit jours après la Reine apprit ce que j'avais dit à Monsieur le duc d'Orléans ; elle fit commander à tous les officiers des vieux régiments, qui étaient à Paris, lieutenants colonels ou capitaines, qu'ils se rendissent le jeudi à trois heures après midi au palais cardinal, où la Reine logeait en ce temps-là. Nous nous y trouvâmes, et je me vis là le premier lieutenant-colonel, d'autant que celui de Picardie n'y était pas, èt que Piedmont avait le semestre au-dessus des autres. Monsieur de Manikan nous vint recevoir au pied des degrés du palais, et nous conduisit en haut, où Monsieur de Guitault, capitaine des gardes de la Reine, nous recut sur le perron du grand escalier, avant que d'entrer dans la salle des gardes, et nous mena dans la chambre de la Reine, où elle était assise sur un fauteuil, et le Roi avec elle. La Reine se leva quand nous entrâmes ; et nous étant approchés d'elle, nous dit qu'elle savait avec quelle affection nous servions le Roi, que nous avions été fort fermes à résister à tous ceux qui nous avaient voulu tirer de son service ; et me dit à moi : Puységur, je sais tout ce que vous avez dit à Monsieur le duc d'Orléans. Ce que j'ai à vous dire, est que je vous prie, et tous vous autres officiers des vieux régiments, de continuer à bien servir le Roi. Je vous promets, (en mettant la main sur la tête du Roi qui était entre ses jambes), que je le nourrirai d'une façon que quand il sera grand, il reconnaîtra vos services. Présentement les affaires ne sont pas en état de vous donner de grandes récompenses, vous voyez presque tout le royaume révolté, et nous n'en pouvons sortir que par les services, que je suis assuré que vous rendrez au Roi. Je vous prie encore un coup de les continuer. Je lui répondis : Madame, Votre Majesté se peut assurer que pas un des vieux régiments ne manquera de servir le Roi comme il doit ; nous aurons patience que les affaires soient en un autre état qu'elles ne sont, pour attendre ses bienfaits. Ce n'est pas tant l'espoir de la récompense qui nous oblige à demeurer à son service, que l'honneur que nous recevons d'être nés ses sujets, et d'être officiers dans les vieux corps ; après quoi nous nous retirâmes. Pouillac, capitaine de Picardie, était à ma main gauche. Huit jours après on dansa un ballet ; et quand on l'eut dansé trois ou quatre fois, tant pour la cour que pour d'autres, Monsieur le cardinal fit avertir tous les capitaines d'infanterie qui étaient à Paris, de se trouver un certain dimanche au palais royal, où l'on danserait le ballet seulement pour eux, et que nous y entrerions sans peine.

Dans le temps que Monsieur de Nemours [1] passa la Seine sur le pont de Mantes, le régiment de Piedmont était en garnison à Soissons. Monsieur le marquis de la Boulaye [2] se détacha avec quelques troupes de l'armée des ennemis, qui était du côté de Chauny, et vint aux portes de Soissons jusques à Saint-Médard [3], où il poussa quelques bourgeois qui étaient sortis, et leur criait de jeter Monsieur le maréchal d'Estrées par dessus les murailles, et de lui ouvrir les portes. Il ne fut point obéi. Il se retira à l'armée qui était à Chauny [4], où Monsieur d'Elbœuf s'était jeté avec douze cents chevaux. Deux jours auparavant que les ennemis y arrivassent, il m'avait envoyé un de ses gardes, et m'avait même écrit une lettre, par laquelle il me priait de l'aller trouver à Noyon [5], et m'en pressait fort. Je voulais bien y aller ; mais comme j'étais en garnison dans Soissons, et que Monsieur le maréchal d'Estrées y commandait, je n'y pouvais aller sans son congé ; qui bien loin de le donner, me défen-

1. Charles Amédée de Savoie, duc de Nemours, pair de France et colonel-général de la cavalerie légère de France, fut tué en duel d'un coup de pistolet par son beau-frère le duc de Beaufort, le 30 juillet 1652, à l'âge de 28 ans.

2. Maximilien Eschalart, marquis de la Boulaye.

3. Sur l'emplacement de l'abbaye de Saint-Médard s'élève aujourd'hui, dans un des faubourgs de Soissons, l'institut des sourds-muets.

4. Chef-lieu de canton de l'Aisne, arrondissement de Laon, à 35 kilomètres de cette ville.

5. Chef-lieu de canton de l'Oise, arrondissement de Compiègne, à 30 kilomètres de cette ville.

dit d'y aller. Avant que Monsieur d'Elbœuf entrât dans Chauny, Monsieur le maréchal y avait envoyé deux cents hommes du régiment de Piedmont, qui furent pris prisonniers de guerre, aussi bien que toute la cavalerie que Monsieur d'Elbœuf y avait fait entrer par l'avis de Monsieur de Manikan, qui s'y jeta aussi bien que lui ; mais par la capitulation qu'ils firent, pas un des officiers généraux ne fut fait prisonnier de guerre ni démonté ; et si les ennemis eussent été à la Fère, au lieu d'aller à Chauny, ils l'auraient facilement prise.

L'armée des princes qui se retirait d'auprès de Villeneuve [1], après que celle de Monsieur de Turenne se fût retirée vers Crespy [2], et de là à Compiègne, passa à la Ferté-Milon [3], et de là à Hartenne [4], distant d'une lieue et demie de Soissons, et s'en alla vers Brayne [5] et Neuf-Chastel [6]. Si elle fût venue à Soissons, elle l'aurait pris, avec Monsieur le maréchal d'Estrées et le régiment de Piedmont, parce qu'il n'y avait point de vivres dedans, à cause que les bourgeois ne font jamais de provisions de farines, et que les mou-

1. Villeneuve-Le-Roi, commune de l'Oise, arrondissement de Beauvais, canton de Méru.

2. Crépy-en-Laonnais, département de l'Aisne, à 11 kilomètres de Laon, ou Crépy-en-Valois, département de l'Oise, arrondissement de Senlis.

3. Commune de l'Aisne, arrondissement de Château-Thierry.

4. Commune de l'Aisne, arrondissement de Soissons, canton d'Oulchy.

5. Braine-sur-Arronde, département de l'Oise, arrondissement de Compiègne, ou Braisne-sur-Vesle, département de l'Aisne, arrondissement de Soissons.

6. Neufchâtel-sur-Aisne, chef-lieu de canton de l'Aisne, arrondissement de Laon.

lins sont hors de la ville, dans laquelle il n'y en a qu'un, qui ne saurait moudre un muid et demi de blé par jour. Il n'y avait point de munitions de guerre, ni pas un canon monté. Monsieur le maréchal d'Estrées dépêcha un courrier à Monsieur de Turenne qui était à Compiègne, pour avoir des troupes. Il lui envoya le régiment d'Herbouville, et lui manda qu'il fît du mieux qu'il lui serait possible ; et que si l'on l'assiégeait, il ne le pourrait secourir qu'à grand'peine. Comme les ennemis eurent passé la rivière d'Aisne, le maréchal d'Estrées appréhenda qu'on n'assiégeât Laon, et me commanda de m'aller jeter dedans avec le régiment de Piedmont. Je partis le soir à six heures, et passai la rivière de Lette au Pont-à-Courson, pour m'acheminer de là à Mons-en-Laonnais [1], laissant le grand chemin, dans lequel je craignais que l'on ne m'eût dressé quelque embuscade. J'envoyai un sergent avec vingt hommes et trois tambours, qui battaient l'un après l'autre, et qui marchèrent jusques par delà le Fruty ; et pour lors ils cessèrent de battre, et se jetèrent dans la vallée, pour rejoindre le régiment qui passait à Anisy. Arrivant à Laon, et étant sur le haut de la montagne, je vis les feux du camp des ennemis, et fis battre les tambours. Ceux de Laon faisaient si mauvaise garde, que

1. Commune de l'Aisne, arrondissement de Laon, canton d'Anisy, à 7 kilomètres de Laon.

personne ne demandait qui va là. Je fis une partie du tour de la ville. En marchant du côté de l'Abbaye de Saint-Vincent, un nommé des Mésanges, qui avait été major de Vidame, ouvrit la fenêtre de son logis, qui regardait du côté où nous cheminions. Il me demanda: Quels tambours sont-ce là qui battent ? Je lui dis que c'était le régiment de Piedmont, que Monsieur le maréchal d'Estrées m'avait commandé de faire entrer dans Laon, crainte que les ennemis ne l'assiégeassent ; et que je le priais d'en avertir Monsieur de Malhortye lieutenant de roi, et le prévôt de la ville. Ce dernier vint aussitôt dessus les remparts parler à moi, et me dit que si je voulais entrer avec une partie des officiers, il me laisserait entrer ; mais que pour le régiment, il n'entrerait pas qu'il ne fût jour. Il fit entrer deux officiers pour travailler aux logements, et pour nous faire apprêter à manger à la Hure. Le jour étant venu, on nous ouvrit la porte, et nous entrâmes dans la ville. Je mis le régiment en bataille devant l'évêché ; et dans l'appréhension où j'étais que les ennemis ne vinssent à Laon, je fis promptement déjeuner un tambour, auquel je donnai un passeport pour aller à l'armée des ennemis réclamer six soldats de Piedmont, que je disais avoir perdu en me jetant dans Laon, trois soldats d'Herbouville, cinq ou six Suisses, et deux cavaliers. Quand le tambour arriva, le conseil de guerre était assemblé. Monsieur le prince les voulait faire venir à Laon, mais les Espagnols n'en avaient pas envie; on leur mena ce tambour. Monsieur le prince dit qu'il le connaîtrait bien ; et sitôt qu'il le vit, il dit qu'il était du régiment de Piedmont. Monsieur, lui dit le tambour, je viens pour réclamer des soldats de Piedmont, du régiment d'Herbouville, et des Suisses, qu'on croit avoir été pris cette nuit par votre armée en venant à Laon : c'est Monsieur de Puységur, notre lieutenant colonel, qui commandait ces gens-là, et qui m'a donné ce passeport qui est écrit et signé de sa main. Là-dessus les ennemis résolurent de partir, et d'assiéger Rhétel. Ils y allèrent, et le prirent [1]. Monsieur le prince mit Persan [2] pour y commander avec son régiment et les Cravates. Il prit aussi Château-Porcien [3], où il mit du Buisson [4] ; ensuite il voulut prendre les quartiers d'hiver en Lorraine, mais il en fut empêché par les troupes du roi, qui reprirent Bar [5] et Ligny [6].

Notre armée revint assiéger Château-Porcien, le régiment de Piedmont avait eu ordre d'y venir, et était la nuit en garde à la tranchée. Il y avait déjà deux jours que la place tenait, et l'on avait

1. Ce fut en octobre 1652 que les ennemis prirent la ville de Rhétel.
2. François de Vaudelar, marquis de Persan, maréchal de camp en 1646, mort en 1690.
3. Château-Porcien fut pris avant Rhétel.
4. Alexandre Nicolas du Buisson, sieur des Ardennes, gouverneur de Ham en 1648, maréchal de camp en 1653.
5. Bar-le-Duc, chef-lieu de la Meuse. Bar-le-Duc se rendit le 17 décembre.
6. Ligny-en-Barrois, chef-lieu de canton de l'arrondissement de Bar-le-Duc, à 16 kilomètres de cette ville. Ligny se rendit le 23 décembre.

commencé une mine du côté de la ville pour aller sous le château. La vérité est qu'on avait fait une galerie de trois toises et demie, et fort basse. Je fis faire la chamade le matin, pour demander à parler Monsieur le gouverneur, et savoir de lui s'il ne voulait pas se rendre. Il avait dans sa place environ trois cents Walons, et deux cents Français. La chamade étant battue, Monsieur du Buisson me vint parler. Je lui dis que Monsieur d'Aumont, qui commandait la tranchée, sachant qu'il était parent de Madame sa femme, était bien aise de ne le pas perdre, et que les mines étaient faites, et qu'au plus tard on les ferait jouer le soir. Il me répondit qu'il n'appréhendait pas cela, et que les mines ne pouvaient pas être sitôt prêtes. Je lui dis qu'il n'avait qu'à envoyer un ou deux officiers de la garnison, qu'on les ferait entrer dans les mines, et qu'ils lui en diraient la vérité. Il y consentit, et en envoya deux, qui étaient de grands hommes ; et comme la mine était fort basse, ils crurent avoir longtemps marché, parce qu'il fallait se traîner. Ils ressortirent, et furent trouver Monsieur du Buisson, qui dit qu'il se rendrait, à condition qu'on lui permît d'envoyer avertir Monsieur le prince, que s'il ne le venait secourir dans deux fois vingt-quatre heures, il rendrait la place. Monsieur d'Elbœuf qui commandait du côté de notre attaque, me dépêcha vers Monsieur le cardinal, pour que je susse de lui s'il voulait accepter cette condition. J'y fus, et il me dit que non, et qu'il les ferait sauter dès le lendemain matin au plus tard. Lorsque je lui parlai, c'était à huit heures, je lui dis: Monsieur, par les mines que vous faites, vous ne les sauriez faire sauter de plus de six semaines d'ici. Il me répondit : Pourquoi dites-vous cela ? l'abbé de Drouet, qui en vient, dit qu'assurément elles sont sous la muraille du château. Je lui repartis : Monsieur, le château est reculé sur la hauteur de près de cent pas, du côté par lequel vous l'attaquez ; et la chose est tellement en talus, qu'il vous faudrait plus de cent toises de galerie pour aller jusques sous la muraille du château, qui est bâti sur de la pierre ; et que quand vous poussez une toise dans terre, cela ne revient pas en haut à un demi-pied. Vous en ferez ce qu'il vous plaira. Il ne se voulut point rendre à mes raisons, et le soir à huit heures il envoya un garde à Monsieur d'Elbœuf, avec un billet, portant qu'il m'y fît aller ; mais que je fisse en sorte que les douze heures qui étaient passées, fussent précomptées dans le temps qu'il demandait de deux fois vingt-quatre heures ; et que si je ne pouvais pas les faire venir à ce point-là, que je leur accordasse les quarante-huit heures. Je fus au château, je disputai longtemps les douze heures, mais je n'en pus pas venir à bout, je leur accordai tout le temps qu'ils avaient demandé pour avertir Monsieur le prince, et qu'ils sortiraient avec armes et bagages, et seraient conduits à l'armée où était son Altesse. Je fis mettre dans la capitulation, que quelque secours qui leur pût venir dans les deux fois vingt-quatre heures, à moins que l'armée ne fût chassée, et obligée de passer la rivière, ladite capitulation tiendrait ; et que de plus, pendant tout le temps qu'on se battrait, ils ne pourraient faire aucun acte d'hostilité sur les troupes du roi, ni se servir de canon ni de mousquets. La raison pourquoi je mettais cette clause dans la capitulation, est que Château-Porcien était sur un haut du côté que les ennemis le pouvaient secourir, et que nous ne pouvions jamais mieux nous mettre en bataille que sur cette hauteur-là, qui n'est qu'à trois cents pas de la place ; et tellement avantageuse pour ceux qui y sont postés, qu'un homme qui en aurait six mille en bataille en ce lieu-là, en pourrait attendre aisément douze mille. Je portai la capitulation à Monsieur le cardinal pour la faire signer. Il me demanda pourquoi j'y avais mis cette clause. Je lui répondis : Parce que cela était avantageux ; et qu'étant postés là, les ennemis ne nous en pourraient chasser. Le frère de du Buisson, partit du camp avec un trompette de Monsieur d'Elbœuf qui le mena à l'armée, qui n'était postée qu'à trois lieues de là. Il la trouva rangée en bataille hors du quartier, pour venir secourir Château-Porcien. Monsieur le prince le voyant, lui dit : La place est-elle rendue, que je vous vois ici ? — Monsieur, lui répondit-il, elle a capitulé, mais elle a deux fois vingt-quatre heures de temps pour attendre du secours. Monsieur le prince repartit : Il ne nous en faut pas tant, nous y allons marcher. Avez-vous votre capitulation ? — Oui, Monsieur, dit-il, nous l'avons, et il la lui montra. Monsieur le prince la lut ; et comme il vit cette clause, de ne faire aucun acte d'hostilité pendant les deux fois vingt-quatre heures : N'appelez-vous pas cela être bien rendu, que d'avoir mis cette clause-là ; cela m'ôte le moyen de vous pouvoir secourir, parce que l'armée se mettra en bataille tout auprès du château, et nous ne la pourrons pas chasser de là. Qui est celui qui a fait la capitulation ? — C'est Monsieur de Puységur. — Cet homme-là, dit Monsieur le prince en se fâchant, est plus habile que vous et que votre frère. Allez, sortez de devant moi, que je ne vous voie jamais ni vous ni votre frère. Monsieur le prince partit avec l'armée, et au lieu de venir à Château-Porcien, il s'en retourna du côté de Flandres. Ce jour-là notre armée, qui avait eu avis que les ennemis voulaient marcher pour venir secourir la place, se disposa de se mettre en bataille ; et depuis neuf heures du matin jusques à trois heures après-midi, elle ne fit que roder sans s'y pouvoir jamais mettre, quoi que je leur criasse, que le poste le plus avantageux était de se camper auprès du château, et que le château ne tirerait pas sur eux. Ils ne s'y voulurent pas mettre, c'est pourquoi ils ne purent trouver pas un lieu, où les ennemis n'eussent eu en venant toutes les hauteurs pour eux. Dieu permit néanmoins qu'ils s'en retournèrent, sans quoi ils nous auraient fait sans doute beaucoup de peine, quoique Son Éminence fût présente, disant qu'il ne se mêlait point de commander, mais il faisait seulement le maréchal des logis à la queue d'une de ses compagnies de cavalerie, et disait toujours : *Sare sare.* Après cela ils eurent nouvelles que les ennemis s'en allaient en Flandres et nos troupes retournèrent dans leur quartier. Le lendemain la place se rendit [1], et ils furent conduits à l'armée suivant leur capitulation. Du Buisson se retira après y avoir conduit ses troupes.

1. Puységur empiète ici sur les événements de l'année 1653 : Château-Porcien capitula au commencement de cette année-là, le 12 janvier.

CHAPITRE X.

(1652-1653)

Puységur engage Turenne et la Ferté à faire le siège de Rethel, qui capitule bientôt. — Entretien de Puységur avec Mazarin. — Détails sur la marche de l'armée de Condé et sur la marche de celle de Turenne. — Puységur assiste au siège et à la prise de Mouzon et de Sainte-Menehould.

L'ANNÉE suivante les armées de Messieurs de Turenne et de la Ferté, vinrent à Rethel pour l'assiéger ; et la nuit d'après qu'on y fut arrivé, je leur proposai d'en faire attaquer les dehors [1]. Ils en firent d'abord quelque difficulté, alléguant que cela n'était pas si aisé que je le croyais ; que ces dehors étaient des terrasses fort élevées, et qu'on avait peine à y monter. Je leur dis que cette élévation-là nous était plus avantageuse pour l'attaquer ; que quand on en serait approché, ils ne pourraient tirer sur personne,

1. Le 5 de juillet, dit Montglat (t. IV, p. 20), le maréchal de Turenne forma le siège de Rethel, où il emporta d'emblée tous les dehors..

d'autant qu'elles n'étaient pas faites en glacis ; et que pour les défendre, il fallait qu'ils se montrassent, et que ceux d'en bas les pouvaient tirer, ce qui les fit résoudre de les attaquer. Monsieur de Turenne détacha mille mousquetaires de son armée, outre ceux de la garde de la tranchée. Monsieur de la Ferté en voulut faire autant. Je le priai de laisser faire cette attaque avec le régiment de Piedmont, qui devait entrer en garde cette nuit-là ; il avait peine à me l'accorder. A la fin il me le permit. Nous allâmes entrer en garde, et nous attaquâmes ces dehors. Dans celui que Piedmont attaqua, il y avait cent cinquante hommes de Persan que nous forcâmes, et nous logeâmes dans le haut du bastion. Ceux de l'attaque de Monsieur de Turenne, ne purent pas emporter leur bastion si tôt, ils se vinrent mettre de notre côté, et allèrent le long de la berme à leur attaque, où ils se logèrent aussi. Nous mîmes de notre côté deux pièces de canon en batterie, et le matin on les tira, et l'on envoya sommer Monsieur de Persan de se rendre. Il ne le voulut pas faire. Le lendemain il fit sortir le lieutenant colonel de son régiment, pour demander composition. J'opiniâtrai fort pour le faire prisonnier de guerre, lui et toutes ses troupes ; disant que c'était beaucoup faire que de prendre le régiment des cravates prisonnier de guerre, et les démonter ; que cela nous donnerait plus de repos durant la campagne. Comme Monsieur de la Ferté vit que je le pressais, il me dit que j'avais raison, que l'on les pourrait bien faire prisonniers de guerre ; mais qu'il le fallait considérer comme neveu du collège, voulant dire qu'il était neveu de Monsieur le maréchal de l'Hôpital ; et de plus me dit-il, il est des amis de Monsieur de Turenne et le mien. Je lui répliquai : Monsieur, commandant les troupes du Roi, comme vous faites, vous ne devez considérer ni ami ni neveu du collège. Ils le laissèrent sortir avec armes et bagages, tout de même que s'il eût été dans une bonne place [1].

Ensuite l'armée vint vers la Chartreuse du Val-Saint-Pierre, où le Roi la vint voir, et la fit aussitôt repartir pour aller à Riblemont [2], où Sa Majesté se logea. L'armée de Monsieur de Turenne était dans un petit village tout auprès, et son camp s'étendait jusques à Riblemont. Il avait laissé Origny [3] pour le logement de Monsieur de la Ferté, qui faisait l'arrière-garde. Ce général ayant beaucoup de considération pour Madame d'Origny, alla loger, quoi qu'il fût fort tard, à Cery-Maizières [4], qui est à un quart de lieue

1. La capitulation de Rethel fut signée le 8 juillet. Persan sortit de la ville le lendemain, pour être conduit à Stenai.

2. C'est Ribemont, chef-lieu de canton de l'Aisne, arrondissement de Saint-Quentin.

3. Origny-Sainte-Benoite, commune de l'Aisne, canton de Ribemont, à 6 kilomètres de cette ville.

4. Faut-il lire Cerny? Il y a deux communes de ce nom dans l'Aisne, Cerny-en-Laonnais, arrondissement de Laon, canton de Craonne, et Cerny-lès-Bucy, canton de Laon.

par de là Riblemont. Le jour d'après que nous fûmes arrivés, j'allai au lever de Monsieur de la Ferté, qui me dit qu'on lui venait d'apporter une lettre du Roi pour recevoir un lieutenant général dans son armée qui se nommait Sainte-Maure [1]. Je lui dis : Monsieur, cela est étrange qu'on n'en prenne point dans l'infanterie ; pourquoi ne pas prendre Monsieur le Comte d'Estrées, qui a été mestre de camp d'un vieux régiment, et qui est présentement maréchal de camp ? Le feu Roi n'en usait pas de même, il prenait des maréchaux de camp, et des officiers d'armée dans les vieux régiments. Je lui dis de plus que si le Roi écoutait les gens, en vérité je lui en parlerais. Il me dit que je ferais fort bien, et qu'il me le conseillait. Je lui répondis que je m'en allais savoir de ce pas si le Roi était levé, et que je lui parlerais si je pouvais. Quand j'y arrivai, il ne l'était pas encore ; et comme j'attendais qu'il le fût, Monsieur de la Ferté monta à cheval, et arriva quasi aussitôt que moi à Riblemont. Il alla chez Monsieur le cardinal, qui lui demanda des nouvelles, et ce que l'on disait dans l'armée. Monsieur, lui dit-il, l'infanterie est en rumeur de ce que vous ne prenez point d'officiers généraux parmi eux. Ils disent que s'il y a quelque occasion dangereuse, ce

1. Deux membres de la famille de Sainte-Maure étaient lieutenants généraux à cette époque, Léon de Saint-Maure, comte de Jonzac, marquis d'Ozillac, mort en 1671, et son cousin Charles de Sainte-Maure, duc de Montauzier, mort en 1690.

sont eux qui l'essuient, et qu'on ne leur donne aucune charge honorable; et que si l'on prend un lieutenant général, on le prend toujours dans la cavalerie, que le feu Roi ne faisait pas de même, et qu'il les prenait dans l'infanterie. — Hé, dit-il, qui est-ce qui dit cela? — C'est Puységur, il est même venu ici pour en parler au Roi. Il dit aussitôt à Monsieur de la Ferté qu'il allât me chercher chez le Roi, et me faire défenses d'en parler à Sa Majesté, mais bien de le venir trouver. Monsieur de la Ferté vint chez le Roi, et me dit: Notre homme a peur. Je lui demandai, qui? Le cardinal, dit-il, va-t'en le trouver, il te demande. Je fus chez lui, j'entrai dans l'antichambre, on avait mis une tapisserie en cloison, qui faisait une séparation de la moitié de la chambre: et comme j'y fus entré, Monsieur le cardinal m'entendit parler, et m'appela. J'ouvris la tapisserie, et entrai dans sa chambre, où il n'y avait que Monsieur le Tellier avec lui. Il me dit: Puységur, je viens d'apprendre par Monsieur de la Ferté que vous mettiez l'armée en rumeur; prenez garde à ce que vous faites, le Roi est ici présent, et je sais bien que vous avez du crédit dans l'armée. Je lui dis: Vous me surprenez bien de me parler de la sorte, je ne suis pas homme à mettre une armée en rumeur, soit que le Roi soit présent, ou qu'il ne le soit pas. Il est vrai que j'y ai quelque crédit, et il a bien servi au Roi, de ce que j'y en avais. Je l'ai vue révoltée sous le commandement de Monsieur d'Aumont, et qui ne voulait point aller en Flandres, mais se joindre avec ceux de Paris, et obliger le Roi à lui payer tous les arrérages qui lui pouvaient être dus sur le pied de dix montres. Je leur dis que je ne voulais pas être de ce parti-là, et que je leur conseillais de ne rien faire de ce qu'ils me proposaient, qu'il fallait servir le Roi, que nous y étions obligés par la naissance, étant nés ses sujets, et officiers dans de vieux régiments, pour qui le feu Roi avait eu tant d'estime et tant d'amitié ; et qui avait tant de confiance en nous, qu'il dit en mourant qu'il savait bien que les vieux régiments ne manqueraient jamais d'affection et de fidélité pour son fils. Ils me proposèrent d'aller prendre Compiègne, et de demeurer-là avec les troupes jusques à ce qu'on nous eût satisfaits, me disant qu'ils voulaient que je fusse leur général. Je leur répondis que je ne voulais pas un emploi pareil à celui-là, que je voulais marcher en Flandres, puisque le Roi le commandait ; qu'ensuite je fis marcher le régiment de Piedmont, et qu'aussitôt toute l'armée suivit ; ce qui est bien éloigné de la faire révolter. Le service que j'ai rendu en cette rencontre-là, je ne l'ai rendu que pour la seule considération du Roi, et non point pour d'autre. Mon intention n'a point été en cela de vous obliger, je suis au Roi aussi bien que vous. Vous êtes véritablement dans la plus grande charge, mais le plus grand honneur que vous ayez, c'est d'être au Roi aussi bien que moi. Il me répondit, appelant Monsieur le Tellier, et lui dit : Voyez, voyez le Tellier, comme il parle à moi ; et mettant le doigt à son front : Moi qui l'ai toujours eu là (il voulait dire dans sa tête), je songeais à faire quelque chose pour lui. Je lui repartis: Monsieur, si je suis dans votre tête, et que vous ayez songé à faire quelque chose pour moi, cela ne m'a point encore paru, et je ne veux avoir d'obligation qu'au Roi seul. Tant que vous serez bien avec Sa Majesté, et que vous me commanderez quelque chose pour son service, je vous obéirai. Là-dessus le Roi entra dans sa chambre. Il lui dit en entrant: Sire, voilà Puységur, on ne peut pas dire autrement qu'il ne soit un brave homme, un homme fort entendu, et qui a grand crédit à l'armée. Je ne doute pas qu'il ne soit fort serviteur de Votre Majesté, mais il m'a parlé un peu hautement. Je sortis de la chambre, et descendis en bas. Ceux qui étaient dans l'antichambre, qui n'en était séparée que par la tapisserie, avaient ouï tout ce démêlé, et l'avaient été rapporter à Messieurs les maréchaux d'Aumont et d'Albret et à Monsieur de Palluau. Comme j'arrivai dans la rue, vis-à-vis des fenêtres de Monsieur le cardinal, ils me vinrent demander tous ce que je lui avais dit. Je leur dis: Si vous lui en disiez autant, vous ne feriez pas tant de bassesses que vous en faites tous. Je fus six mois entiers sans le voir depuis. Il passa à Soissons, et parla de moi à Monsieur le maréchal d'Estrées, qui me mena parler à lui. Je me raccommodai avec Son Eminence, mais elle s'en est fort bien souvenue, et m'a traité de la façon que font ceux de sa nation qui n'oublient jamais rien quand ils croient avoir été offensés.

Ensuite les ennemis s'approchèrent de Roye [1], et le prirent [2]. Les armées de Messieurs de Turenne et de la Ferté, marchèrent vers Peronne, et nous allâmes loger en un village proche Moulins, où nous arrivâmes assez tard. Les ennemis parurent proche le quartier, entre quatre et cinq heures du matin. Nos armées se retirèrent pour aller vers Peronne. En nous retirant, nous trouvâmes un grand fond que nous passâmes. Je dis à Monsieur de Turenne qu'il nous fallait mettre en bataille par-delà ce fond, et faire front aux ennemis, qui n'auraient jamais pu le passer en notre présence. Nous avions un bois à notre aile droite, et un ruisseau à notre aile gauche, et ils n'auraient pas pu nous forcer. Monsieur de Turenne y voulait bien demeurer. Monsieur de la Ferté qui ne le voulut pas, l'emporta, et s'alla mettre en bataille au Mont-Saint-Quentin [3]. Pour

1. Chef-lieu de canton de la Somme, arrondissement de Montdidier.
2. Condé s'empara de Roye le 5 août.
3. Localité de la Somme, commune d'Allaines, canton et arrondissement de Peronne.

y parvenir nous passâmes à Hélène. Il y avait un petit corps que commandait Monsieur de Beaujeu. J'étais à la tête des dragons pour les conduire, et les mettre dans le Mont-Saint-Quentin. Monsieur de Beaujeu me demanda où nous allions. Je le lui dis, et que les armées venaient pour se ranger en bataille. Il me dit qu'il ne branlerait pas, quelques troupes des ennemis qui pussent arriver. Je lui repartis que cette résolution-là était fort bonne, mais que je ne me persuadais pas qu'il y pût demeurer longtemps, quand l'armée serait passée. Étant au Mont-Saint-Quentin pour y ranger l'armée en bataille, il ne se trouva point de place pour camper le tiers de celle de Monsieur de la Ferté, parce que le tour de la montagne n'est pas fort grand. Monsieur de Turenne qui se devait mettre en bataille, où nous finirions, voyant que la place manquait, tira son armée par le flanc droit, et passa à travers un fond, remonta sur une hauteur, et conduisit l'aile droite de son armée, pour la joindre au ruisseau de Tincourt, qui couvrait son aile droite. Son armée étant en bataille, il se trouva qu'il n'y avait pas assez d'espace pour la contenir tout entière. Monsieur de la Ferté demanda qu'il pût mettre sur la première et la seconde ligne deux bataillons, et cinq ou six escadrons. Monsieur de Turenne le lui accorda. Quand les deux lignes furent posées, suivant le terrain qu'il y avait, le reste des deux armées se mit en bataille, tournant son front et son aile gauche vers Moulins. Les ennemis n'avaient pas voulu passer dans le fond, duquel j'ai ci-devant parlé ; ils coulèrent seulement le long de ce fond, et se mirent en bataille en présence de Monsieur de Turenne. Ils avaient un bois à leur aile droite, et le ruisseau de Tincourt à leur aîle gauche.

L'armée de Monsieur de Turenne faisait face à celle des ennemis, et avait ce ruisseau à son aile droite, et une ravine à son aile gauche ; et par de là la ravine, un village où l'on jeta des mousquetaires dans les haies. Monsieur de Turenne me fit faire une douzaine de redans à trois cents pas de la première ligne, qui furent faits en moins de deux heures, où l'on mit dans chacun soixante mousquetaires ; de sorte que ni la cavalerie ni l'infanterie des ennemis, ne pouvait pas passer sans essuyer la mousqueterie de ces redans ; et je crois que cela seul les empêcha de nous combattre. Monsieur le prince s'avança avec sept ou huit personnes. Un nombre d'officiers de l'armée des plus apparents le furent voir. On me demanda si je ne voulais pas être de la partie, en me disant que Monsieur le Prince serait bien aise de me voir. Je répondis que je souhaitais fort d'avoir cet honneur, et que j'étais autant son serviteur que personne le pouvait être ; mais que je croirais manquer à mon devoir, si je l'allais voir à la tête de l'armée ennemie, venant parmi nous, sans avoir parole du général qui commandait ; et que d'aller voir Son Altesse, le pouvoir prendre, et ne le pas arrêter, ce ne serait pas trop bien fait ; et que si je l'allais voir, je lui conseillerais sans doute de se retirer : que du temps de Monsieur le cardinal de Richelieu, des gens qui auraient eu moyen de prendre un homme de l'importance de Monsieur le prince, à la tête d'une armée ennemie, et qui ne l'auraient pas fait, auraient mal passé leur temps. Néanmoins la vérité est, que tous ceux de l'armée l'allaient voir, on mettait pied à terre, on le saluait qu'il n'était que lui seul, avec son capitaine des gardes et son écuyer, et ils étaient plus de soixante ou quatre-vingts officiers des nôtres à l'entour de lui. L'armée des ennemis se retira nuitamment, et marcha à grandes journées droit à Rocroy [1], qu'ils assiégèrent [2]. Nous les suivîmes de près, et voyant que nous ne pouvions pas leur faire lever le siège, nous assiégeâmes Mouzon [3], et nous employâmes quinze jours à le prendre. Je fis emporter l'ouvrage à corne avec le régiment de Piedmont. La première nuit que j'arrivai au

1. Chef-lieu d'arrondissement des Ardennes.

2. Les Espagnols investirent Rocroy le 5 septembre.

3. Le siège fut mis devant Mouzon le 9 septembre, selon Montglat (t. IV, p. 27), et cette ville se rendit le 26 du même mois (*Ibid.* p. 28). *L'Art de vérifier les dates* retarde à tort de deux jours la capitulation. De Quincy (t, I. p. 173) a résumé le récit de Puységur, une des autorités sur lesquelles, remarquons-le une fois pour toutes, il s'appuie de préférence dans la première partie de son 1er volume.

régiment qui avait déjà fait une garde à la tranchée, l'allant visiter pour disposer la garde, je m'avançai bien au delà de la tranchée où je trouvai un fond pour mettre sept ou huit cents hommes en bataille, sans être vus des dehors de la ville, ni même du clocher. J'allai poser ce régiment droit dans ce fond, qui n'était qu'à cinquante pas de l'ouvrage à corne, et à trente du ravelin d'une des portes de la ville. J'envoyai dire à ceux de la tranchée, qu'ils eussent à se retirer du lieu où ils étaient, et que j'étais posté proche le travail des ennemis. Il aurait fallu cinq jours entiers pour venir de ce fond-là par la tranchée. Nous emportâmes l'ouvrage cette même nuit. Trois jours après on gagna le fossé, et le régiment d'Uxelles avait voulu faire un logement dans celui de la ville ; et pour cet effet avait mis une barique contre la muraille. Quand j'arrivai-là, ils me dirent qu'ils avaient un logement dans le fossé et un sergent avec quinze hommes. J'allai dans ce fossé avec ce sergent. Les ennemis ne s'étaient pas encore remis sur le rempart ni dans les flancs bas d'une tour qui regardait sur ce fossé. Je revins dans la tranchée, et laissai là le sergent. En moins d'un rien il fut tué, et les quinze soldats aussi, par les flancs bas des deux tours qui flanquaient ce fossé. J'y envoyai jusques à soixante ou quatre-vingts hommes, qui furent aussi tous tués. Je dis à Monsieur le maréchal de la Ferté : Sans doute qu'on a fait boire les soldats qui défendent ce fossé, ils assomment tous ceux que je jette dedans. Laissons passer cette fougue, ils s'endormiront à la pointe du jour, et je vous promets que je ferai loger les mineurs. Il s'en alla à son quartier tout fâché, de ce que nous ne pouvions pas faire ce logement, en me disant : Que si les ennemis prenaient Rocroy, avant que nous eussions pris Mouzon, nous serions contraints de lever le siège. Je lui dis : Dès que les mineurs seront logés, la ville ne manquera pas de demander à se rendre ; ce qui arriva. Le jour étant venu, les ennemis ne tirèrent plus tant. Je fis faire un logement, et un trou pour mettre les mineurs à la muraille. Ils firent une chamade à neuf heures, et se rendirent. La chamade fut faite du côté de Monsieur de la Ferté, de quoi ceux de l'armée de Monsieur de Turenne, qui voulaient qu'elle fût faite du leur, témoignèrent d'être fâchés, disant que l'armée de Monsieur de Turenne était la première. Les ennemis firent réponse qu'ils ne le savaient pas, et qu'ils faisaient battre la chamade du côté qu'ils étaient le plus pressés. Trois jours après la prise de Mouzon, le chevalier de Montaigu, qui commandait dans Rocroy, le rendit [1]. L'armée du Roi fut ensuite assiéger

1. Montglat (t. IV, p. 28) donne cet éloge au chevalier de Montaigu : « Montaigu le défendait, qui était homme de cœur et d'intelligence, et fort expérimenté dans le métier. » Il ajoute : « Les mines ayant joué le lendemain [28 septembre] avec grand effet, obligèrent Montaigu de traiter et de rendre la place le 30. »

Sainte-Menehoust, qu'elle prit [1]. Monsieur de la Ferté demeurait à Conesanvoye [2]. On renvoya le régiment de Piedmont en garnison, et Monsieur de la Ferté alla assiéger Bethfort [3], qu'il prit pendant l'hiver. Le Roi envoya une partie de ses troupes dans le pays de Liège, commandées par Monsieur de Fabert, pour empêcher que les ennemis n'y prissent leurs quartiers d'hiver. Le Roi régla le différend qui était entre la Marine et les petits vieux régiments, et fit marcher la Marine la première ; ce qui causa beaucoup de mécontentement aux autres.

1. Sainte-Menehould, chef-lieu d'arrondissement du département de la Marne, à 42 kilomètres de Châlons. Le siège commença, le 22 octobre. Le gouverneur, M. de Montal, capitula le 27 novembre. Monglat donne beaucoup de détails sur ce siège (t. IV, p. 29-31).

2. Consenvoye, commune de la Meuse, arrondissement de Montmédy, canton de Montfaucon.

3. Belfort, la ville héroïque qui était autrefois un chef-lieu d'arrondissement du département du Haut-Rhin.

CHAPITRE XI.

(1654)

Siège de Stenay par Fabert. — Siège d'Arras par les ennemis. — Turenne et la Ferté marchent sur Arras avec Puységur. — Prise de Stenay. — Divers succès de Turenne. — Entretien de Turenne et de la Ferté avec Puységur. — Attaque des lignes d'Arras. — Retraite de Condé — La Reine-mère et le roi visitent l'armée à Arras. — Mort de M. de Saveuse, mestre de camp du régiment de Piémont, qui est remplacé par Puységur.

En l'année 1654, le Roi fut sacré [1], et on résolut à Rheims le siège de Stenay [2], qui fut commandé par Monsieur de Fabert, gouverneur de Sedan, où Sa Majesté alla [3]. Les armées de Messieurs de Turenne et de la Ferté, marchèrent vers Péronne. Les ennemis assiégèrent

1. Le 7 juin. Montglat, qui assista à la cérémonie, et qui servit de « grand pannetier de France », a donné beaucoup de détails à ce sujet (t. IV, p. 48-50.)

2. Chef-lieu de canton de la Meuse, arrondissement de Montmédie. Stenay fut investi le 19 juin. La tranchée fut ouverte le 3 juillet.

3. Le 28 juin. De Quincy dit (t. I, p. 183) que de Sedan le Roi alla souvent à la tranchée, ce qui « encouragea tellement les troupes, qu'elles y firent des merveilles. »

Arras, pour faire diversion du siège de Stenay. Monsieur le Tellier fut envoyé de la part du Roi trouver les généraux, pour les porter à secourir Arras, et faire tout leur possible pour cela. Les ennemis y étaient arrivés le deuxième de juillet. Monsieur de Mondejeu qui n'appréhendait pas le siège, avait fait sortir la cavalerie, commandée par Monsieur d'Eccancourt [1], qui alla joindre Monsieur de Bar, qui avait un petit corps pour se jeter dans Arras ou dans Béthune, si les ennemis venaient assiéger l'une ou l'autre de ces places. Monsieur de Mondejeu avait gardé cent cinquante maîtres dans Arras, et avait deux mille cinq cents hommes de pied. Quand il se vit investi, il envoya demander à Monsieur de Bar sa cavalerie. Messieurs de Turenne et de la Ferté marchèrent droit à Arras par Henchy et l'Escluse [2]. Le lendemain on passa le ruisseau de Mouchy-le-Preux, où l'on campa jusques à la rivière d'Escarpe [3], sur laquelle on fit un pont; et Monsieur le maréchal de la Ferté logea au quartier où était le pont. Le front de notre camp regardait la ligne des ennemis ; et après le terrain pris de notre armée, celle de Monsieur de Turenne était campée, et tenait jusques au ruisseau de Mouchy-le-Preux, qui lui couvrait son

1. Montglat l'appelle *Équencourt* (t. IV, p. 58.)

2. L'Ecluse, commune du département du Nord, arrondissement de Douai, canton d'Arlens, à 44 kilomètres de Lille.

3. C'est-à-dire la Scarpe.

aile gauche. Nous nous retranchâmes, et nous avions trente-six redans devant nous, qui étaient à six-vingts toises l'un de l'autre ; et dans chaque redan, on mettait trente hommes, avec un lieutenant ou un enseigne. Nous n'avions pas dans l'armée plus de sept à huit mille hommes de pied, mais nous avions bien huit mille chevaux. Le retranchement étant fait, on chercha le moyen de jeter du secours. Le premier qu'on y envoya, fut conduit par Saint-Lieu, mestre de camp de cavalerie. Il n'y entra guère plus de la moitié des gens qu'il conduisait, ils étaient environ cent chevaux ; un autre fut mené par Eccancourt, il n'y en entra aussi qu'une partie ; le dernier fut mené par Monsieur le chevalier de Créquy [1], qui fit aussi généreusement qu'homme du monde saurait faire. On blâma un peu Monsieur de Bar, de n'avoir pas fait effort d'y entrer avec tout le corps de la cavalerie qu'il avait. Il s'excusa, et fit voir une lettre de Monsieur de Mondejeu, par laquelle il ne lui demandait que la cavalerie qu'il avait envoyée d'Arras. Les ennemis ouvrirent la tranchée, et la poussèrent avec vigueur.

Dans ce temps-là nous faisions un bivouac fort exact, l'on envoyait quantité de partis au delà l'Escarpe et de grandes gardes jour et nuit, pour empêcher que rien n'entrât dans le camp. Les ennemis

1. François de Créquy, marquis de Marines, maréchal de France en 1668, mort en 1687.

firent un effort et passèrent une nuit proche la garde du régiment de cavalerie de Monsieur le cardinal Mazarin, et firent entrer des munitions de poudre et mèches, que les cavaliers portaient. Le capitaine qui commandait la garde de Monsieur le cardinal, en fut cassé, et deux officiers avec lui. Nous avions envoyé des troupes commandées par Monsieur de Tracy[1] du côté de Saint-Paul, pour empêcher qu'on apportât des vivres au camp des ennemis. Monsieur le comte de Broille était avec deux mille hommes de pied, et six cents chevaux à Lens. Monsieur d'Espanse[2] était à Bapaume, pour empêcher aussi que rien n'entrât dans les lignes. Comme l'on sut que les vivres venaient du côté de Saint-Paul, on y fit aller Monsieur de Broille avec son infanterie, qui ne le prit pas faute de canon. Le onzième du mois d'août, on se résolut d'attaquer les lignes, mais le Roi écrivit aux généraux que Stenay serait bientôt pris, et qu'il leur enverrait des troupes, pour leur aider à les forcer. Ils lui mandèrent qu'ils n'en pouvaient trop avoir pour une action pareille à celle-là ; ce qui fit changer à nos généraux la résolution d'attaquer les lignes, et d'attendre les troupes qui devaient prendre Stenay, pendant lequel temps les ennemis firent un

1. Pierre du Pellevé, baron de Tracy, maréchal de camp. Voir sur ce personnage une note de M. Moreau (*Histoire de la guerre de Guyenne* par l Colonel Balthazar, p. 355.)

2. Le marquis de Beauveau-Despense, dont il question dans l'*Histoire d Condé* par Desormeaux (t. IV, p. 26.)

fossé perdu de dix à onze pieds de profondeur, et de douze à treize de large ; et entre la ligne et le fossé perdu, ils firent des trous en terre, à deux pieds l'un de l'autre, de la profondeur de trois. Il est vrai que la plupart de ces trous n'avaient pas été faits assez creux, outre qu'il leur en fallait davantage.

Dans ce temps-là l'armée de Stenay qui avait été pris [1], arriva auprès de Péronne. Monsieur de Turenne fut au-devant d'elle. Lorsqu'elle en partit, ils marchèrent et se vinrent loger au camp de César, d'où Monsieur de Turenne revint à son quartier, et Monsieur d'Hocquincourt demeura à ce camp. Le lendemain que les troupes y furent campées, ils eurent nouvelle qu'un grand convoi partait d'Aire, avec beaucoup de charrettes de l'artillerie, escortées de trois mille chevaux, en comptant ceux qui étaient sortis des lignes pour aller au-devant d'eux. Messieurs de Turenne et d'Hocquincourt marchèrent vers ce convoi droit à Saint-Paul, qu'ils prirent, et trois ou quatre châteaux, où ils mirent garnison. Le convoi rentra dans Aire, et ils revinrent à leurs quartiers. Ensuite Monsieur de Turenne prit le Mont-Saint-Éloi [2]. Celui qui était dedans, espérait d'être secouru, mais il ne le fut pas. Il était sorti d'Arras un homme seul, que Monsieur de Mondejeu avait

1. Le 6 août.
2. Commune du Pas-de-Calais, arrondissement d'Arras, canton de Vimy.

envoyé, qui est l'unique qui en ait apporté des nouvelles ; et je crois aussi qu'il n'en est entré qu'un seul dans la ville pendant le temps que nous avons été devant les lignes. Cet homme avait avalé une petite boîte d'or, dans laquelle on avait mis un billet. Quand il fut au quartier de Monsieur de la Ferté, et qu'il y eut demeuré un jour tout entier sans avoir eu envie d'aller à la selle, Monsieur de la Ferté lui fit donner des lavements, mais ni deux ni trois n'y firent rien, on lui donna un breuvage qui ne fit encore rien. Le maréchal de la Ferté s'impatientait, et se résolvait quasi de le faire éventrer, disant qu'il valait bien mieux perdre un homme qu'une place aussi importante qu'était celle d'Arras. On lui redonna un breuvage qui était si fort, qu'il faillit à crever, et rendit la petite boîte. Il y avait dans le billet : *Je ne crains point la force des ennemis, quand ils seraient même sur les remparts, je ne les appréhenderais pas. Il n'y a qu'une seûle chose que j'appréhende*, sans dire quelle elle était ; cela mit les généraux plus en peine qu'auparavant. Pendant tout le siège, Monsieur de la Ferté m'avait commandé, étant au bivouac, de prendre garde si les ennemis avançaient leur travail ou non ; et savoir si en faisant les attaques la nuit, ils avaient fait leurs logements. On voyait de notre camp l'attaque des tranchées ; et par le feu qu'on tirait pour avancer et l'autre pour défendre, on voyait bien si celui qui attaquait avançait, parce qu'on voyait avancer son feu ; et s'il reculait, vous voyiez aussi reculer son feu ; et si l'autre allait, vous voyiez comme il avançait ; et s'il ne faisait seulement que défendre son retranchement, vous jugiez bien si les mêmes ennemis le forçaient ou non par la même connaissance du feu, et ainsi je lui rendais compte tous les matins de ce que je pouvais avoir jugé s'être passé la nuit. Comme je reconnus que les ennemis avaient fait un fossé perdu, je dis à Monsieur de la Ferté qu'il fallait des préparatifs pour cela ; on fit faire environ cent ou six-vingts claies de cinq pieds de large chacune.

Deux jours avant que d'attaquer la ligne, Monsieur de Turenne vint chez Monsieur de la Ferté, qui était logé dans une église. Ils m'envoyèrent chercher ; et étant arrivé où ils étaient, ils me dirent qu'ils avaient résolu l'attaque des lignes, et qu'ils voulaient que j'en fisse le dessin. Pour cet effet on fit apporter du papier et une écritoire, et tout le monde sortit de la chambre. Il n'y resta que les deux maréchaux de France et moi. Je leur dis, qu'il y avait bien des choses à considérer pour attaquer cette ligne ; que le fossé perdu était de douze à treize pieds de large, et qu'il le fallait passer ; que pour cet effet il était besoin d'avoir des échelles ou des chevrons qui eussent quinze pieds de long ; que c'était une nécessité de les faire porter au bord du fossé perdu, et les mettre un pied en deçà de ce fossé, les élever en haut, et puis les laisser tomber ; que l'autre bout passerait par dessus le fossé, tomberait, et porterait de l'autre côté ; et que, dès qu'il y aurait trois chevrons posés comme cela, ou deux échelles seulement, les soldats qui porteraient les claies, les mettraient dessus, et que chaque bataillon ferait trois ponts comme cela ; que les soldats qui porteraient les armes pour tirer, passeraient les premiers par dessus ces ponts ; que douze autres soldats qui suivraient ceux-là, auraient leurs armes sur l'épaule, les uns un hoyau, et les autres une pelle en main, dont six abattraient les terres du côté de la ligne, et les autres de notre côté pour combler le fossé, afin que la cavalerie y pût descendre ; que d'autres gens avec des hoyaux travailleraient vis-à-vis cet endroit-là, allant à la ligne pour fouir les trous, et faire un chemin, afin que la cavalerie pût aller à la ligne. Il fut proposé de mettre des claies par-dessus les trous. Je leur fis connaître qu'un cheval en mettant le pied sur une claie à l'endroit du trou, la claie enfoncerait indubitablement, et que le cheval serait plus embarrassé que s'il n'y avait point eu de claie ; que pendant qu'on comblerait les trous, les hommes commandés marcheraient droit à la ligne et se mettraient dedans de même que les autres, les uns abattant la terre d'un côté pour la jeter dans le fossé, et les autres l'abattant aussi de l'autre côté pour faciliter la descente à la cavalerie ; que ceux qui n'étaient point commandés à ces travaux étant dans la ligne, se mettraient sur la berme, et n'entreraient point du tout dedans que les passages ne fussent faits pour la cavalerie, mais qu'on ferait seulement un grand feu dans le quartier des ennemis, qui voudraient venir nous attaquer ; ce qui leur serait fort difficile, d'autant que la terre qui était depuis la berme jusques au haut de la ligne, empêcherait qu'on leur pût faire grand mal, et tiendrait la cavalerie qui est dans la ligne fort éloignée d'elle ; que notre cavalerie qui entrerait dedans, serait favorisée de tous ces mousquetaires qui seraient le long des bermes, et se pourrait mettre aisément en bataille, soit pour faire front devant soi, ou à leur droite ou à leur gauche, selon qu'elle trouverait à propos de se mettre ; et quand la cavalerie serait entrée, l'infanterie passerait par-dessus la berme, et se mettrait en bataille ayant un escadron à sa droite et un à sa gauche, et partirait du camp de cette manière. L'ordre ayant été fait de la sorte, Messieurs les généraux l'approuvèrent, et m'ordonnèrent d'en faire faire quatre ou cinq copies, et me défendirent d'en parler à personne. Je leur répondis : Que diront Messieurs les lieutenants généraux, de ne savoir rien de tout ceci. Ils me dirent, que de la conséquence dont était cette affaire, il n'était pas nécessaire que trente-six généraux sussent ce qu'on avait résolu, qu'il n'y en avait pas un qui n'eût son ami ; que cet ami en avait un autre, et ainsi que la chose ne serait pas secrète ; qu'elle pourrait bien aller jusques aux oreilles des ennemis ; et qu'il serait assez temps que ces généraux l'apprissent, lorsque nous marcherions. Monsieur de Turenne dit à Monsieur de la Ferté: Vous n'avez pas tant d'infanterie que moi, envoyez Puységur en mon quartier, pour faire un état du nombre que vous en avez, nous verrons avec Pouillac la quantité qu'il y en a dans mon armée, et je vous en donnerai, afin que vous en ayez autant que moi. Il fut arrêté que Monsieur de Turenne prendrait l'aile gauche, parce que Monsieur d'Hocquincourt avec la maison du Roi, avait l'aile droite, et que Monsieur de la Ferté serait au milieu ; qu'en faisant l'attaque, on mettrait un escadron à la droite et un bataillon à la gauche, et que tout serait ainsi, bataillon et escadron, entre-mêlé de cette façon-là. Je fus au quartier de Monsieur de Turenne, qui nous donna environ mille hommes d'infanterie. L'on attaqua les lignes la nuit du vingt-quatre au vingt-cinq août, entre minuit et une heure. L'ordre de l'attaque de Monsieur de la Ferté, était l'escadron de la reine à la droite de Piedmont, et ainsi de suite. La coutume veut qu'on donne à tous les officiers généraux un ordre de la disposition de l'attaque que l'on fait, de sorte que j'en avais pour chacun de Messieurs les lieutenants généraux. Monsieur de Turenne arriva avec son armée au quartier de Monsieur de la Ferté, à cause qu'il fallait qu'il passât sur le pont de l'Escarpes, pour se mettre du côté où était notre attaque. Il dit à Monsieur de la Ferté, qu'en faisant l'ordre il n'avait pas bien songé d'avoir pris l'aile gauche, qu'il ne la voulait pas prendre ; et que quoique l'armée de Monsieur d'Hocquincourt eût la droite de tous, cela n'empêchait pas qu'il ne dût toujours avoir la droite de celle de Monsieur de la Ferté. Monsieur de la Ferté lui dit qu'il ferait comme il voudrait, qu'il ne se souciait pas de cela, et me vint dire qu'il fallait changer l'ordre, que nous avions la main gauche au lieu de la droite, et me demanda la raison pour laquelle il voulait changer ce qu'il avait arrêté lui-même en signant l'ordre. Je lui répondis que c'était qu'il voulait avoir la droite. Il me dit qu'il y avait autre chose que cela. Je ne sais pas bien ce que c'est, lui repartis-je, mais je suis assuré qu'ayant l'attaque de la main gauche, vous avez à combattre une partie du quartier de l'archiduc ; et que la fausse attaque qu'on y fait faire par la Guillotière, n'empêchera pas qu'une partie de ce quartier ne tombe sur vous. Il y a dans ce quartier-là huit ou neuf mille hommes de pied, ainsi vous ne devez pas douter que ce ne soit le plus fort quartier. Mais, dis-je, cela n'importe, hasard. Les lieutenants généraux, à chacun desquels j'avais donné un ordre de l'attaque, s'approchèrent de lui. Il leur dit : Nous n'avons pas la main droite, nous avons la gauche, et il faut changer notre ordre. Ils vinrent autour de moi, et me dirent : Voilà ce que c'est, on fait des ordres sans que nous y soyons appelés, et puis il les faut changer. Quand vous y auriez été, dis-je, les généraux les peuvent-ils pas changer ? Ils me répondirent qu'il était nuit, qu'il n'y avait point de chandelle, et qu'il fallait faire des ordres nouveaux. Je leur repartis qu'il n'y avait point d'ordre nouveau à donner, qu'il fallait laisser achever de passer l'armée de Monsieur de Turenne ; et qu'après cela l'escadron de la Reine marcherait le premier, et que le régiment de Piedmont le suivrait ; et que quand le régiment de la Reine aurait passé le pont, je lui ferais faire front vers la ville, qu'il aurait la rivière d'Escarpe à son aile gauche, et le régiment de Piedmont à sa droite ; et que l'autre escadron qui viendrait, se mettrait à l'aile droite du régiment de Piedmont, et ainsi tous les autres escadrons et bataillons de même, jusques à tant qu'elle tînt l'aile gauche de l'armée de Monsieur de Turenne.

L'armée étant disposée de la sorte que je viens de vous la représenter, Monsieur d'Hocquincourt attaqua sur la droite de tout, et Monsieur de

Turenne par le milieu ; et comme la ville retourne un peu sur la gauche en regardant la ligne, il se trouva que l'attaque de Monsieur de la Ferté ne tomba que sur un coin de l'aile gauche des troupes de l'archiduc ; et par bonheur autant pour Monsieur de Turenne que pour Monsieur de la Ferté, il se rencontra que toute l'attaque tomba sur le quartier de Don Fernand de Solis, et justement à l'endroit des régiments qui étaient en garde à la tranchée. Il y en avait quatre hors de la ligne, et qui avaient leur camp proche l'un de l'autre ; de sorte qu'il y avait plus de mille toises de lignes ou de redans qui étaient gardés par ces quatre régiments ; et l'on sait que pour l'ordinaire, quand les régiments vont à la tranchée, et qu'ils laissent garde aux lignes, ils y laissent toujours leurs plus méchants hommes. Ainsi, à dire le vrai, nous ne trouvâmes pas grande résistance de ce côté-là, et nous entrâmes donc dans les lignes. Monsieur d'Hocquincourt força aussi son quartier. Monsieur le Prince voyant que les lignes étaient forcées, crut qu'il y aurait du désordre parmi les troupes espagnoles. Il leva son quartier, et s'en alla à celui de l'Archiduc ; et comme il vint au pont pour passer, il trouva tous les fuyards qui y venaient aussi. Il les fit arrêter, afin de passer seulement avec quatorze escadrons ; et sitôt qu'il fut passé, il fit décamper le quartier de l'Archiduc pour se retirer, et lui vint droit où nous étions proche d'un moulin à vent. Monsieur de la Ferté qui avait poursuivi les fuyards qui se retiraient vers le pont, fut contraint de revenir aussi vite qu'il y était allé. La plupart des cavaliers et soldats qui étaient entrés dans les lignes, étaient allés au pillage dans les tentes qui étaient encore toutes dressées. Comme Monsieur de Turenne vit venir Monsieur le Prince, il dit : Voici des gens qui viennent à nous. Je lui dis : Il y a de quoi les arreter ici. Monsieur de Turenne répondit : Nous n'avons point de canon. Je lui répondis que j'en avais fait entrer quatre pièces dans la ligne, et que je les avais fait prendre plus sur la droite, à cause du feu qui était dans ce camp, et de crainte qu'il ne prit aux poudres ; il me commanda de les aller faire venir. Je les trouvai à cent pas de là, on les mit en batterie, et on les tira sur les escadrons de Monsieur le Prince. Il y eut treize ou quatorze coups qui donnèrent dedans. Cependant comme nous avions peu de monde, au lieu de former les bataillons à six de hauteur, je ne les faisais mettre qu'à deux, afin de faire paraître un plus grand front, et la cavalerie aussi toute de front. Monsieur le Prince jugeant que le quartier de l'Archiduc serait retiré, se retira aussi, et alla prendre en passant les troupes qui étaient dans la tranchée, les fit marcher devant lui ; et avec ses quatorze escadrons, fit la retraite depuis Arras jusques à Douay [1].

Il est à remarquer que cette grande armée qui se retira de devant Arras, passa dans le camp de Mouchy-le-Preux, les bagages de Monsieur de Turenne étant à la gauche, et ceux de Monsieur de la Ferté à la droite, et qu'elle passa toute au milieu d'eux, sans qu'un seul homme de cavalerie ni d'infanterie sortît de son rang pour les aller piller, tant ils marchèrent en bon ordre. Quoique l'attaque n'ait pas été rude, néanmoins le régiment de Piedmont y perdit quatre capitaines, savoir Sorel, de Souches, la Cressonnière et Goinpré ; du Liège, lieutenant de la Mestre de camp, trois lieutenants et deux enseignes, avec cent ou six-vingts soldats, et le tout à cause qu'ils s'étaient trop avancés en suivant Monsieur de la Ferté, que la cavalerie de Monsieur le prince défit.

Le Roi et la Reine vinrent deux jours après cela à Arras [2], et virent les lignes ; et tous les corps, tant des ennemis que des nôtres, qui avaient été tués le long des dites lignes. La Reine donna quelque argent pour faire enterrer les morts. Les ennemis perdirent près de quatre mille hommes avec leurs canons et leurs bagages.

1. Ce fut à Cambrai que se retira le prince de Condé. Voir sur l'affaire des lignes d'Arras (25 avril) les Mémoires de Beauveau, de Montglat, de Turenne, du duc d'York, la *Relation de la levée du Siège d'Arras* par la Mesnardière, etc.

2. Le 28 août.

L'armée du Roi, après avoir conduit Sa Majesté à Péronne, rentra dans le pays ennemi, alla vers Bins [1], et de là à Maubeuge [2]. En sortant dudit Maubeuge, Monsieur de Saveuse, mestre de camp du régiment de Piedmont [3], fut attaqué par un parti qui suivait l'armée qui entra dans la ville ; et lui qui était demeuré dans les Jésuites, en sortant pour suivre l'armée qui n'était pas encore hors de Maubeuge, fut tué par ce parti. L'armée rentra dans ses quartiers d'hiver. Le régiment de Piedmont fut à Soissons, et au commencement de la campagne suivante, je fus fait mestre de camp de ce régiment.

1. Binche, ville de Belgique, à 14 kilomètres de Mons.
2. Chef-lieu de canton du Nord, arrondissement d'Avesnes.
3. Alexandre Tiercelin, marquis de Saveuse.

CHAPITRE XII

(1655)

Les armées commandées par Turenne et par la Ferté attaquent et prennent Landrecies. — Le Roi se retire à Soissons, faible place dont les ennemis auraient pu facilement s'emparer. — L'armée dont Puységur fait partie prend les villes de Condé et de Saint-Guilain.

En cette année, que l'on comptait 1655, les armées de Messieurs de Turenne et de la Ferté, attaquèrent Landrecy [1], qui tint treize jours de tranchée ouverte [2]. Le régiment de Piedmont emporta l'ouvrage à corne, et se logea dedans ; et l'autre garde d'après, nous passâmes le fossé de la demi-lune, et nous fîmes deux logements dans l'épaisseur du parapet, et nous fermâmes la pointe de la demi-lune à cinq toises au dedans. Nous étions là comme dans une redoute, et nos logements du parapet allaient quasi

1. L'armée arriva devant Landrecies le 18 juin, et la tranchée fut ouverte le 26.
2. Voir sur ce siège de Quincy, qui, dans son excellent récit (p. 197-199), résume à la fois les *Mémoires* de Bussy, de Montglat, de Puységur et les documents officiels.

jusques au bout. Le Roi qui était à la Fère, se retira à Soissons. Il est bien vrai qu'on avait choisi là un mauvais lieu pour sa retraite, d'autant que Soissons n'est pas une bonne place, et que de plus, il n'y a dans la ville qu'un seul moulin, comme nous l'avons déjà dit ci-dessus, qui ne saurait moudre au plus que deux muids de blé par jour. Le pays était alarmé, tous les peuples s'étaient retirés dedans ; et la cour y survenant de surcroît, quiconque aurait investi cette place avec mille chevaux, l'aurait prise infailliblement ; mais les ennemis ne sont pas toujours avertis de l'état où sont les places ; et quelquefois aussi ils ne veulent pas croire ceux qui en ont une véritable connaissance. Cela fut cause que l'armée des ennemis n'y voulut pas suivre le Roi. La nôtre sut prendre Condé [1] et Saint-Guillain [2], où le Roi vint, et logea à Bossu [3], puis s'en retourna ; et pour nous, nous fûmes à Lens, et puis nous entrâmes en quartier d'hiver.

1. 18 août.
2. 25 août.
3. Sa Majesté, dit Montglat (t. IV, p. 92), se logea au château de Bossut qui en est à demie-lieue (de saint Guilain), des fenêtres duquel il voyait les batteries et toute l'attaque.

CHAPITRE XIII.

(1656)

Puységur reçoit chez lui, à Soissons, le vicomt de Turenne. — Indications qu'il donne à ce grand capitaine. — Marche de l'armée. — Divers entretiens de Puységur avec Turenne. — Siège et combat de Valenciennes. -- Puységur est fait prisonnier en même temps que son fils aîné et que le maréchal de la Ferté. — Entretien du prince de Condé avec Puységur et avec la Ferté. — Puységur, après avoir payé la rançon de son fils et la sienne propre, est conduit à Malines, puis il revient à Paris. — Son entretien avec Mazarin. — Réflexions de Puységur sur l'affaire de Valenciennes.

L'ANNÉE suivante 1656, vers le quinzième jour d'avril, Monsieur de Turenne donna rendez-vous à ses troupes, aux environs de Chauny. Il me fit l'honneur de passer chez moi à Soissons, où le régiment de Piedmont était en garnison. Il me donna ordre de mener ce régiment à Chauny le premier jour de mai, d'où nous fûmes loger à une demi-lieue de là avec ledit régiment. Je lui envoyai aussitôt sa garde. Le lendemain je le fus voir, il me fit dîner avec lui. L'après-dîner je lui demandai congé d'aller à Soissons. Il me dit qu'il ne me le pouvait pas accorder, et qu'il avait formé un dessein qu'il n'avait communiqué à personne, mais qu'il me le voulait dire, et qu'il souhaitait que je fusse de la partie. Il me fit donc savoir que son dessein était de mettre dans le Quesnoy [1] un grand convoi de farines et d'autres munitions, et qu'il désirait que cela fût fait dans deux ou trois jours ; qu'il attendait le lendemain Jacquier, qui avait les vivres en ce temps-là, et qui ne manqua pas d'y venir effectivement avec beaucoup de farines, qu'il faisait porter sur des chevaux, des baudets et des charrettes, et me marqua l'endroit par où il voulait passer, qui était par la Troée de Prémont [2]. Je lui dis qu'il y avait un chemin plus court de deux lieues, et par lequel on courrait bien moins de risque, qui était de traverser la rivière à Chauny, marcher droit à Moüy [3], de Moüy aller camper à Noielle [4] ; et, après y avoir demeuré seulement quatre ou cinq heures, il en fallait partir à la pointe du jour, et aller droit à Bernoville [5], et de

1. Chef-lieu de canton du Nord, arrondissement d'Avesnes.
2. Prémont est une commune de l'Aisne, arrondissement de Saint-Quentin, canton de Lohain.
3. Sans doute Moy, chef-lieu de canton de l'Aisne, arrondissement de Saint-Quentin.
4. Noyelles, commune du Nord, arrondissement de Cambrai, canton de Marcoing.
5. La commune d'Aisonville-et-Bernoville appartient au département de l'Aisne, arrondissement de Vervins, canton de Guise.

là au moulin de Grugy [1], du moulin de Grugy à la Troée de Menevré, de là à la Demi-lieue, et de la Demi-lieue à Casteau [2], et laisser Casteau à main gauche, marcher avec toute l'armée jusques au dernier défilé, qui n'était qu'à demi-lieue du Quesnoy, où l'on prendrait escorte pour conduire les farines jusques dans les contrescarpes du Quesnoy, et où le parti qu'on aurait envoyé pour avertir Monsieur de Beauvau de l'arrivée du convoi, donnerait avis s'il n'y aurait rien entre le Quesnoy et le défilé, et pendant que le convoi irait décharger les farines dans les contrescarpes du Quesnoy, les troupes qui seraient au dernier défilé, repaîtraient ; et que lorsqu'on aurait déchargé le convoi, on ferait passer les charrettes et les chevaux qui auraient porté le blé, par de là le second défilé, où ils feraient repaître, en attendant que l'armée les eût joints, et qu'après qu'ils auraient repu, on les ferait marcher avec une partie des troupes de l'avant-garde, et nous retournerions camper à Noielle. Dans l'assurance que je lui donnai que ce chemin était le plus court, quoiqu'il ne le parût pas sur la carte, il le suivit, et s'en trouva fort bien. Les troupes s'en retournèrent aux environs de Chauny ; et quelque temps après le régiment de Piedmont eut ordre

1. Peut-être Crugis, commune de l'Aisne, arrondissement de Saint-Quentin, canton de Saint-Simon.
2. Le Cateau, département du Nord, chef-lieu de canton de l'arrondissement de Cambrai.

d'aller au rendez-vous entre Dourlans et Sercan [1] ; à un amas de troupes qui s'y faisait sous Messieurs de Crequy et Despiés [2], où nous demeurâmes douze jours, au bout desquels il arriva un gentilhomme de Monsieur le cardinal, qui leur porta un ordre de marcher vers Arras. Le second jour nous arrivâmes au pont de Gin ; l'ordre portait que nous y demeurassions jusques à nouvel ordre. Nous y croyions séjourner le lendemain, mais à trois heures après-midi le gentilhomme de Monsieur le cardinal qui était avec nous, fit semblant qu'il venait de recevoir une lettre ; et nous dit que cette lettre portait ordre de Monsieur le cardinal, qui lui mandait que nous marchassions avec toute l'armée devant Douay, et que là nous saurions ce que nous avions à faire. Nous allâmes donc à Douay, et nous y passâmes la nuit, et le lendemain tout le jour. Les troupes étant en bataille, sans que l'on put dresser aucunes tentes, parce qu'on nous l'avait défendu, j'allai chez Monsieur d'Espiés, et lui dis qu'il était plus de onze heures. Le gentilhomme de Monsieur le cardinal, répondit qu'il ne les était pas encore ; et dans ce moment regarda à sa montre, et puis la remit dans sa poche. Je lui demandai si nous

1. Je ne trouve que Cercamp-sur-Canche, localité dans la commune de Frévent, département du Pas-de-Calais, canton d'Auxy-le-Château, arrondissement de Saint-Pol, à 36 kilomètres d'Arras.

2. Ailleurs appelé d'Espiés. Ce lieutenant général mourut au siège de Valenciennes, en 1656, tué par l'explosion d'une mine. Voir les *Mémoires* de Bussy-Rabutin (t. II, p 12).

serions encore là longtemps. Il me répondit que nous y serions jusques à nouvel ordre, et qu'il attendait un courrier qui devait arriver. Le courrier, lui dis-je, est dans votre poche, aussi bien que les autres ordres qu'on nous a donnés. Sur les quatre heures du soir, il nous en montra un qui portait que nous devions marcher vers Tournai [1]. Nous y marchâmes, et nous allâmes passer proche d'Ourchy [2], qui était du gouvernement de la Bassée. Nous eûmes bien de la peine à contenir nos soldats, à cause de l'envie qu'ils avaient de piller. Nous envoyâmes un parti vers Tournai qui revint, et qui nous rapporta qu'il n'y avait point d'armée devant ; un second parti nous rapporta aussi la même chose. La vérité est que l'on voulait lors assiéger Tournai, et que les préparatifs que l'on avait faits, étaient pour cela. Les ennemis avaient un petit camp volant de douze ou quinze cents hommes, qui se jeta dans Tournai, ce qui empêcha Monsieur de Turenne de l'attaquer. Il fit faire un pont à Mortaigne [3], s'en alla droit à Valenciennes [4], et envoya un parti pour nous chercher, lequel parti nous ayant rencontrés, dit à Monsieur de Créquy, qu'il avait ordre de

1. Ville de Belgique, sur l'Escaut, dans la province de Hainaut.

2. Je ne trouve aucune localité du nom d'Ourchy. Le nom qui se rapproche le plus de celui-ci est *Oulchy* (département de l'Aisne). L'Ourchy de Puységur étant du gouvernement de la Bassée doit être cherché dans le département du Nord.

3. Commune du Nord, arrondissement de Valenciennes, canton de Saint-Amand.

4. La ville de Valenciennes fut investie le 15 juin.

lui dire qu'il fallait mener les troupes à Valenciennes, où était l'armée et passèrent au pont de Mortaigne, auquel endroit nous demeurâmes trois ou quatre heures, et le soir nous en partîmes, allâmes passer à Condé, et campâmes à une lieue de là. Le lendemain j'allai devant pour voir où serait le camp. Je trouvai Monsieur le marquis d'Uxelles, commandant le quartier de Monsieur de la Ferté [1], qui était demeuré malade à Guise. Monsieur d'Uxelles prétendait loger Monsieur de la Ferté dans le château de Brebache, dans lequel je le trouvai, et me mena au lieu où il voulait camper le régiment. Il avait pris pour le quartier de Monsieur de la Ferté, le retranchement que les ennemis avaient pour loger les troupes qui venaient pour couvrir Valenciennes, crainte de quelque siège, et par conséquent, le camp était défendu de tous les canons qui étaient sur le rempart. Ainsi nous fûmes contraints de faire des trous dans terre comme des caves, pour y mettre nos personnes et nos chevaux. Le régiment de cavalerie de la Reine, qui était proche de nous, fut aussi dans la même peine, aussi bien que les régiments d'infanterie d'Espagny et de Lignières. Je dis à Monsieur le marquis d'Uxelles, que je croyais qu'il se moquait, de vouloir

1. Louis Chaton du Blé, marquis d'Huxelles, lieutenant général des armées du Roi, mort au siège de Gravelines en août 1658, à 39 ans. Voir le livre récent de M. Ed. de Barthélemy: *La marquise d'Huxelles et ses amis* (1881. grand in-8°).

laisser ces troupes-là dans ce camp, qui était vu du canon de la place ; et encore plus, de ce qu'il voulait loger Monsieur le maréchal dans Brebache, qui ne pouvait pas être plus près de la ligne que d'un demi-quart de lieue ; et que si c'était pour la commodité du château, il y avait une autre incommodité, savoir qu'il faudrait la moitié de l'armée de Monsieur de la Ferté pour garder ce quartier-là ; que je ne croyais pas que quand il reviendrait, il y voulût loger, d'autant qu'il n'y trouverait pas de sûreté, et que jamais un général ne devait camper hors de la ligne. La chose demeura en cet état pendant deux jours entiers. Le jour suivant je fus au quartier de Monsieur de Turenne, qui me demanda comment tout allait au nôtre. Je lui répondis que tout y allait assez mal, qu'on s'était servi des lignes que ceux de Valenciennes avaient faites, pour mettre les troupes qui venaient pour les couvrir ; que quand les armées passaient autour d'eux, on était vu du canon, et qu'on n'y pouvait durer : qu'outre cela il y avait sur le sommet de la hauteur, environ cent pas, où l'on pouvait mettre du canon qui verrait toute la ligne de Monsieur de la Ferté ; et que si les ennemis y en avaient mis, on n'y pourrait pas demeurer, parce qu'on serait battu, et du côté de la ville et du côté de cette hauteur ; que si l'on avait poussé le camp soixante pas plus avant, la hauteur aurait été enfermée dedans : mais que Monsieur d'Uxelles m'avait répondu, qu'il avait fait faire le camp ferré, parce qu'il lui fallait des troupes pour garder Brebache, où il voulait loger Monsieur de la Ferté, quoique je lui eusse dit que je savais bien que Monsieur de la Ferté n'y logerait pas. Monsieur de Turenne me dit que si je voulais retourner en mon quartier, nous verrions la ligne ensemble. Je lui répliquai que je n'étais venu que pour avoir l'honneur de le voir, et que je l'accompagnerais volontiers partout où il voudrait aller. Nous vînmes au quartier de Monsieur de la Ferté, nous passâmes l'Escaut sur le pont proche l'Abbaye [1] où étaient les munitions; et comme nous y fûmes arrivés, Monsieur d'Uxelles vint joindre Monsieur de Turenne, qui jugea à propos de mettre cette hauteur dans la ligne, et de pousser la nôtre toute droite sur la hauteur. Moi je la voulais faire pousser jusques à la ferme d'Urtebise, un peu plus en deçà, à l'endroit d'un petit clocher qu'il y avait. Si on l'eût poussée jusque-là, il n'y aurait point fallu de digue, parce que la retenue de l'eau de l'Écluse qui est dans la ville, ne pouvait pas la faire remonter jusque-là. Monsieur de Turenne dit à Hauterive [2], qu'il mesurât la ligne, et qu'il

1. L'abbaye de Saint-Sauve.

2. Est-ce Jean le Vignier, marquis de Hauterive, dont il est question dans la correspondance de Bussy-Rabutin (t. I, p. 66), celui qui épousa la duchesse de Chaulnes?

marchât toujours devant lui. Monsieur d'Uxelles suivait avec Hauterive. Je m'aperçus qu'il n'allait pas jusqu'où j'avais dit qu'il fallait aller, et qu'il descendait tout court une montagne qu'il y avait, pour aller joindre la rivière de l'Escaut, dont l'eau était enflée de quatre ou cinq cents pas de large de ce côté-là. Je dis à Monsieur de Turenne que les ennemis se mettraient sur le haut de la montagne, qu'ils battraient cette ligne, et qu'on n'y pourrait pas demeurer, et que quand ils lèveraient l'écluse dans la ville, l'eau baisserait et les ennemis passeraient par les prés, la ligne ne pouvant joindre l'Escaut à cause du reflux de l'eau. Monsieur d'Uxelles dit qu'il ferait un fort dans ce fond, et qu'il y ferait quatre demi-bastions ; qu'il donnerait quinze ou vingt pieds d'ouverture au fossé, et douze de profondeur ; que par la terre qu'il tirerait des fossés, il serait à couvert de cette hauteur. Il est bien constant que la terre qu'il aurait pu faire tirer des fossés, ne lui aurait pas donné trois toises de hauteur pour se couvrir, et que la montagne en avait vingt fois autant. Comme je vis que Monsieur de Turenne se laissait aller à ce que lui disait Monsieur d'Uxelles, je lui dis: Monsieur, je n'ai plus que faire ici, je suis assuré que si les lignes soient attaquées de la façon qu'on les fait, elles seront forcées, et je peux dire avec certitude que si vous ne logez des troupes sur cette hauteur, les ennemis s'y venant camper, on ne pourra pas rester dans le camp qui est au-dessous. Il me dit : Je vois bien cela, mais nous n'avons pas assez de troupes, Monsieur de Navailles [1] doit venir et en amener, et quand elles seront arrivées, je les logerai là. Je lui repartis qu'il ne fallait pas tant de troupes pour garder la ligne, quand on aurait pris la hauteur, qu'il en fallait pour garder la plaine en bas ; et que la raison était, que regardant le côté de la hauteur du côté de la ville, l'Escaut venait pour passer droit à cette hauteur, et en passant à droite, s'ouvrait et marchait pour aller à la ville ; que le ruisseau du Quesnoy venait droit à la hauteur, et s'ouvrait à droite,et qu'au-dessous de la butte,il se rencontrait une grande plaine, où il y avait une ligne que les Lorrains gardaient avec quelques troupes de l'armée de Monsieur de Turenne. Si on se fût logé sur la hauteur, et qu'on y eût fait un petit fort, il n'aurait fallu entre le fort et l'Escaut, qu'une redoute avec une ligne de l'un à l'autre que l'on aurait conduite jusque sur le bord de cette rivière, sur laquelle on aurait fait une autre redoute, qu'il en fallait faire de même du côté du ruisseau du Quesnoy, et que pour garder cette ligne-là, il était besoin de quarante hommes à chaque redoute, et de cent dans le fort, et qu'avec deux cent soixante

1. Philippe de Montault, duc de Navailles, pair et maréchal de France, mort à 65 ans en 1701, l'auteur des *Mémoires* publiés de nouveau, de nos jours, par M. Moreau, à la suite des *Mémoires du marquis de Chouppes* (1861, in-8°).

hommes, vous garderiez toute la ligne de ce côté-là, et que tout cela aurait empêché les ennemis de s'y venir loger, et de camper toute l'armée derrière en neuf lignes, comme ils s'y sont campés. Vous me direz peut-être, pourquoi neuf lignes? Et je vous répondrai: Parce que l'Escaut et la rivière du Quesnoy les serraient, et qu'ils ne purent pas se camper autrement. Cela fait bien voir que quand on fait une circonvallation à une ville, on y doit prendre tous les avantages qu'on trouve dans la situation des lieux où vous la faites et ne pas dire quand il me sera venu des troupes, je me logerai là, car il se faut loger sur les lieux qui nous sont avantageux, pour prévenir les ennemis, et les empêcher de les prendre. Monsieur le prince prit l'avant-garde de l'armée des ennemis, vint lui-même reconnaître notre ligne, et voir si nous n'occupions point cette hauteur, et comme il vit que nous ne l'occupions pas, dans la crainte qu'il eut que nous ne nous avisassions de l'occuper, envoya hâter ses troupes de venir et se logea sur cette hauteur. Monsieur de la Ferté était arrivé trois ou quatre jours auparavant l'armée des ennemis, et comme nous avions poussé la ligne un peu plus avant de son côté, et que nous avions laissé celle qui avait servi aux ennemis, il la fit raser, en disant qu'il en avait assez d'une devant ses troupes. La ligne ayant été faite, mais très mauvaise, elle commençait depuis l'Escaut, faisant front vers la ferme d'Urtebise, et de ce petit clocher, où il fallait un pont, et point de digue, elle était gardée par les régiments des gardes et de Bellecens, et par celui de cavalerie de la Reine, qui venait en bivouac la nuit. A ce côté-là de la ligne, il y avait quatre redans, ensuite commençait le tour de la ligne, qui regardait vers Saint-Amand [1], où le régiment de Piedmont faisait la garde, et gardait encore deux autres redans du même côté avec une sortie, où il y avait barrière pour aller dans la campagne. Après le régiment de Piedmont était celui d'Espagny, qui avait trois redans à garder, puis le régiment de Lignières qui en avait autant, et ensuite celui de la Ferté et autres qui avaient encore autant de redans à garder. Les gardes et les suisses étaient campés proche les tentes de Monsieur de la Ferté, la Marine proche d'un pont qu'on avait fait sur un canal, qu'il fallait passer avant que d'aller au pont de l'Escaut. Quoique les ennemis fussent campés si près de nous, on ne laissa pas d'ouvrir la tranchée, et au lieu de la faire ouvrir aux troupes de Monsieur de la Ferté, du côté d'une chapelle et d'une justice [2] qu'il y a en cet endroit-là et qui est une hauteur qui voit dans Valenciennes, auquel il n'y avait pour toute fortification que deux méchantes tourelles,

1. Saint-Amand-les-Eaux, chef-lieu de canton du Nord, sur la Scarpe, à 12 kilomètres de Valenciennes.
2. C'est-à-dire d'un édifice où se rendait la justice.

qui étaient bâties sur le haut de la porte, et que vingt coups de canon auraient jetées par terre, et à la courtine qui était terrassée derrière, et l'Escaut qui lui servait de fossé, que l'on pouvait passer aisément sur des ponts de jonc et attacher le mineur, rien ne pouvant défendre la brèche, et l'attaque que l'on aurait faite de ce côté-là, à cause que le canon et la mousqueterie auraient assommé tout ce qui se serait présenté derrière la brèche, on fit ouvrir la tranchée du côté de Monsieur de Turenne. En regardant la ville, nous avions la main droite de l'attaque, et Monsieur de Turenne la gauche; ce qui l'obligea d'attaquer par là, fut que le quartier de sa cavalerie était justement à la queue de la tranchée, mais cette commodité-là coûta bon, puisque l'on attaqua Valenciennes par le seul lieu qui fût fortifié. L'on disposa la garde de la tranchée de Monsieur de la Ferté en sept jours, et ainsi nous avions six nuits franches pour la garde de la tranchée, mais nous étions tous les nuits au bivouac. Nous poussâmes la tranchée, et Monsieur de la Ferté voulut, quoiqu'il y eût près de quatre-vingts pas jusqu'au glacis de la contrescarpe, que ce fût le régiment de Piedmont qui l'attaquât, et me commanda de le faire. Monsieur de Gadaigne, quoiqu'il ne fût que lieutenant-colonel de la Marine, et moi mestre de camp de Piedmont et maréchal de camp, était pour lors lieutenant général [1], et cette nuit-là de garde avec nous. Je lui communiquai le dessein, et la façon de laquelle je me voulais servir pour attaquer la contrescarpe, pour voir s'il le trouverait bien, ou s'il y voudrait augmenter ou diminuer quelque chose, afin qu'il n'eût qu'à le faire, parce que c'était lui qui commandait. Après l'avoir vu et conféré ensemble, il le trouva bon. Je fis le détachement dès le camp, comme je voulais faire l'attaque, et j'ai toujours tenu et suivi la maxime de disposer ma garde dès le partement du camp, et la manière dont je la voulais poser dans la retranchée ; ainsi dès que j'y arrivais les troupes en défilaient par la queue à mesure que j'y entrais, et la tranchée n'était jamais embarrassée ; car quand une file entrait, l'autre sortait. L'heure venüe de faire l'attaque et qu'on eut assemblé les matériaux nécessaires pour cela, nous attaquâmes la contrescarpe ; mais il nous fut impossible de nous loger sur le haut, et nous fûmes contraints de faire un logement à la moitié du glacis, un autre au pied du glacis de la contrescarpe, et ouvrir le glacis entre le logement du pied et celui du milieu, et mettre des blindes dessus, pour empêcher que nous ne fussions vus. Il fallut aussi faire une ligne de quatre-vingts pieds de long, pour joindre le logement du pied du glacis

1. Charles Félix de Galéan, comte de Gadagne, maréchal de camp en 1651, lieutenant général en 1655, mort en 1700, âgé de 80 ans.

avec la tranchée. A cette attaque-là, nous eûmes cent et vingt soldats tant morts que blessés, deux sergents de tués et trois de blessés, un capitaine nommé Morel, et Neufcheles lieutenant de la mestre de camp, un autre lieutenant, et deux enseignes dangereusement blessés, un autre lieutenant et deux enseignes de tués. Le régiment de la Marine nous releva ; je croyais qu'il se logerait sur le haut de la contrescarpe, mais il ne le fit pas, non plus que les gardes et les suisses, ni tout ce qui entra en garde après nous. Quand ce vint au tour du régiment de Monsieur de la Ferté, il me dit : Mon régiment relève aujourd'hui, où il y a plus de deux cents officiers en garde ; les autres n'ont pas osé regarder la contrescarpe, j'ai envie de la faire attaquer. Je lui dis : Monsieur, vous ferez fort bien, car si votre régiment ne l'emporte pas, il n'y a point de troupes dans le royaume qui le puissent faire, c'est le meilleur corps que j'aie jamais vu. Il n'y manqua pas. Son régiment entrant en garde, il dit qu'il fallait attaquer la contrescarpe et pour cet effet leur fit tenir prêt tout ce qui était nécessaire pour faire le logement. La nuit et l'heure de l'attaque étant venue, il la fit attaquer vigoureusement. Pendant ce temps-là toute l'infanterie était au bivouac, chacun jetant les yeux du côté de la tranchée, et regardant les feux de l'attaque, qui furent très grands de part et d'autre. Ce régiment y fit parfaitement bien, et néanmoins il n'y put jamais faire un logement, et fut bien battu, dont toute l'infanterie ne fut pas fâchée, quoiqu'elle plaignit Paillet, lieutenant-colonel, qui y fut tué [1]. Monsieur le maréchal de la Ferté venant à la ligne de la garde de Piedmont, Monsieur le colonel, me dit-il, je viens de me lasser de voir tuer des gens. Je lui répondis que je le croyais bien : Que le pauvre Paillet était blessé, et qu'il en mourrait, qu'il faisait une grande perte, et que c'était un brave homme. Il me dit encore, qu'il avait le tiers de son régiment ou de tué ou de blessé, et si le logement n'était pas fait. Je lui répliquai : Vous voyez bien par-là qu'il est plus mal aisé à faire que vous ne croyiez, et quand il arrivera que d'autres régiments ne le pourront pas faire, vous ne crierez pas tant contre eux. Il me dit : Je vois bien que le morceau tombera encore sur Piedmont. La chose arriva comme il nous l'avait dite.

Le jour que nous devions entrer en garde, j'allai à la tranchée, pour voir comme quoi je disposerais ma garde. Je passai en revenant chez Monsieur de la Ferté, qui était dans la chambre assis sur un fauteuil ; et Monsieur de Bellefont [2] qui devait monter la garde cette nuit-là, était assis auprès de lui avec le chevalier de Clairville [3].

1. Ce fut dans la nuit du 5 au 6 juillet que Paillet fut tué. La tranchée était ouverte depuis le 26 juin.

2. Sur Bellefonds, « depuis maréchal de France, » voir les *Mémoires* de Bussy (T. II, p. 13).

3. Sur le chevalier de Clairville voir les *Mémoires* de Bussy (T. II, p. 110).

Ils s'entretenaient, et parlaient de la façon qu'on voulait attaquer la contrescarpe. Je me coulai derrière la chaise de Monsieur le maréchal, qui ne m'avait point aperçu, et qui ne me vit point. Monsieur de Bellefont qui était assis vis-à-vis de lui, et qui me voyait bien, lui dit par deux fois : Monsieur, nous irons voir avec Monsieur de Puységur à la tranchée, comme quoi nous disposerons l'attaque. Monsieur le maréchal répondit : Je suis général d'armée, c'est à moi à vous donner mes ordres, et à vous de les faire exécuter par les colonels, maîtres de camp et capitaines qui les doivent faire. A la seconde fois qu'il eut dit la même chose, Monsieur le maréchal de la Ferté tourna la tête, et me vit derrière lui. Il me dit : Voyez comme nous disposerons pour la garde de l'attaque. Je lui répondis qu'il n'était pas besoin que j'y regardasse, que Monsieur de Bellefont me le dirait, qu'il devait recevoir les ordres de lui, et qu'ensuite il nous les donnerait. Vous ne vous devez pas fâcher, me dit-il. — Je ne me fâche point, lui répondis-je, il y a trois jours que je le sais, que vous voulez que nous attaquions la contrescarpe. Je viens de la tranchée pour voir ce qu'il faudrait faire, je ne l'ai pas trouvée plus avancée qu'elle était, lorsque nous l'avons quittée. Tout ce que je vous puis dire, est que je ferai mon possible avec le régiment de Piedmont pour l'emporter. Je m'en allai au camp pour disposer tous les détachements qu'il me fallait faire pour l'attaquer. Arrivant à la tranchée, je rencontrai Monsieur de Bellefont, lieutenant-général, et Monsieur le chevalier de Clairville. Toutes les gardes posées dans la tranchée, et les hommes détachés prêts à donner, le chevalier de Clairville assis dans la tranchée, tournait le dos à la ville ; et parlant à un ingénieur qui avait une bonne cuirasse sur lui, lui disait qu'il fallait faire un logement à la gauche. L'ingénieur qui le regardait, prenait la gauche suivant la séance que tenait le chevalier de Clairville, en disant que ce fût sur la main droite. Je vis dès là qu'il se brouillait. Je dis en particulier au sergent, qu'il prît du côté que je voulais qu'il prît, et ne s'amusât point à l'ingénieur ; je dis la même chose à l'officier qui le soutenait. Je savais bien la difficulté qu'il y a à faire un logement à la pointe d'une contrescarpe, j'avais détaché des gens pour attaquer les redans de la main droite, et de la gauche de celui du milieu que nous attaquions ; et cela me réussit fort bien, je les emportai tous trois, et je fis un logement à chacun ; après quoi je me trouvai un peu embarrassé pour la communication de ceux de la droite et de la gauche à celui du milieu. Le jour commençant à paraître, je dis à Monsieur de Bellefont, que je le priais de commander à ceux d'Espagny qui étaient en garde avec nous, et qui nous devaient relever à cinq heures du matin de la tête de la tranchée, de m'apporter des fascines; mais voyant que la chose allait lentement, je ne gardai que trois cents hommes à la tête du travail, et envoyai le reste des soldats chercher des fascines ; et tous les officiers du régiment, capitaines et enseignes, y travaillèrent avec tant de diligence et de générosité, qu'en moins d'une heure et demie la communication des logements des trois redans fut faite. Je me servis de l'invention de passer les fascines à travers des palissades, c'est-à-dire qu'une fascine en tenait cinq ou six, tant elle était longue, et nous jetions la terre contre les fascines ; et en moins de rien deux cent quarante toises de communication furent faites. Par le moyen de l'attaque que j'avais fait faire aux redans de droite et de gauche, je fis abandonner tous ceux qui défendaient les travers entre ces trois redans-là. Monsieur de Turenne fit aussi attaquer la contrescarpe qui était de son côté, Monsieur de Crequy qui y commandait, fut fort blessé [1], et si [2] on ne la prit pas. Monsieur de Turenne sachant que nous avions pris la nôtre, vint voir notre travail, qu'il trouva fort bon, et goûta bien l'attaque de ces deux redans, et le front que cela nous donnait pour faire grand feu ; parce que n'ayant qu'un petit logement à la tête du travail, on n'y pouvait tenir que peu de gens, et par conséquent

1. Il reçut un coup de mousquet dans la tête dont il fut trépané.
2. Cependant.

il était aisé de le reprendre ; et si d'ordinaire on les trouvait minés, ainsi que l'était celui-là, dans lequel je ne voulais pas qu'il entrât, je n'y avais mis qu'un sergent nommé l'Amiral, et qui depuis a été capitaine dans le régiment du Roi, de crainte que s'il y en eût eu beaucoup, ils ne les eussent fait sauter ; et je leur avais défendu, quelque alarme que les ennemis donnassent à ce logement, de n'y jeter point de gens davantage, mais de tirer seulement du côté droit et gauche ; parce que s'ils eussent été remplis de soldats, ils les auraient fait sauter. Incontinent après que Monsieur de Turenne fut sorti du logement, Monsieur de la Ferté vint qui m'embrassa fort ; et me dit : Que jusque-là le travail n'avait avancé que par la garde de Piedmont. Étant sorti de la tranchée, je passai au quartier de Monsieur de la Ferté, et lui dis que les ennemis avaient des ponts sur l'Escaut, qu'il y avait déjà trois ou quatre jours qu'ils mettaient une garde de cavalerie sur la hauteur de la ferme d'Urtebise, que cela était de son côté, et qu'il la pourrait bien faire pousser, que sa cavalerie allait tous les jours chercher des fascines pour porter à la digue, qu'au sortir de là on pourrait pousser cette garde, et voir ce qu'ils faisaient là-derrière ; et même si on les poussait de là, qu'il faudrait maintenir cette hauteur, et y mettre du canon pour les chasser de leurs camps. Il se passa encore deux ou trois jours avant qu'on y envoyât. A la fin un jeudi, Monsieur de Grandpré eut permission de pousser cette garde au retour de mettre ces fascines à la digue ; ce qu'il fit. Il la poussa vivement, et vit tout le quartier des ennemis, qui était campé en neuf lignes derrière cette butte, tous les uns sur les autres. Monsieur de Grandpré revint après qu'il eut vu cela et il ne put résoudre les généraux à maintenir ce poste. Monsieur le prince voyant qu'on avait chassé ses troupes de là-dessus, et croyant qu'on le voudrait garder, dit à Monsieur le marquis de Carascene [1] : Si les ennemis gardent ce poste, dont ils ont chassé les nôtres, et si nous ne les en chassons pas, avant qu'ils s'y soient retranchés, il faudra perdre Valenciennes, et nous retirer la nuit. Voyant que nous ne le maintenions point, et croyant qu'on le proposerait au conseil dans notre armée, et qu'on pourrait venir s'y loger, ils se hâtèrent pour disposer le secours au plus tôt. Ils ne croyaient pas pouvoir être prêts avant quatre ou cinq jours, néanmoins ils le furent en deux. Ils firent entrer des gens dans la ville, et il y en entrait quasi toutes les nuits,et tous les jours pour marquer le jour qu'ils commenceraient leur attaque, et l'heure qu'il faudrait qu'on levât l'écluse pour faire couler les eaux. Comme je voyais que la retenue ne faisait pas monter l'eau

1. Ancien gouverneur de Milan. Voir sur lui, outre les principaux mémoires du temps, Desormeaux, *Histoire de Condé*, (T. IV, p. 73).

davantage, je prévis bien ce qui arriva. Je dis à Messieurs les généraux que la digue ne subsisterait pas, quoi qu'on y passât les gens de pied, et quelques hommes menant leurs chevaux en main; par la raison qu'en ouvrant l'écluse, l'eau qui était retenue aurait un grand cours, et romprait la digue en plusieurs endroits ; ce qui arriva. Ils disaient que l'autre communication ne pouvait pas leur être coupée par le quartier de Gadaigne, et de l'Abbaye où étaient les vivres. Je dis que ce quartier-là leur serait coupé aussi bien que l'autre, parce qu'en ouvrant l'écluse, l'eau serait plus haute que le lit ordinaire de la rivière, au bord de laquelle il y avait quantité de petits fossés qui se remplissaient de son eau, qui leur servait à blanchir leurs toiles ; et comme ces fossés n'avaient pas quatre pieds de large, qu'il les fallait boucher du côté de la rivière avec de la terre, jusques à l'endroit qui était par de là le camp, qu'autrement cela noyerait le pont d'un canal qui était proche d'un des quartiers de Gadaigne ; ce qui arriva. Le nuit du samedi au dimanche [1], les ennemis passèrent sur leurs ponts en trois corps; ils en avaient plusieurs. Les Espagnols qui étaient les plus près de nous, passèrent les premiers, et au même temps qu'ils étaient passés, ils ne faisaient que tourner le front devers nous, et se mettaient

1. Nuit du 15 au 16 juillet.

en bataille, et nous entouraient ; là où un régiment manquait, l'autre le joignait auprès ; là où les Espagnols finissaient, le corps des Walons et des Italiens joignaient,et circonvallaient de même, et ainsi les troupes de Monsieur le prince après ceux-là. Toutes les nuits, avant celle qu'on nous attaqua, nous avions des hommes qui sortaient, et qui allaient battre l'estrade, pour nous avertir si les troupes avançaient. Cette nuit-là on défendit de laisser sortir pas un cavalier hors des barrières. Nous avions aussi derrière nos épaulements quatre ou cinq escadrons toutes les nuits, et pendant celle-là nous n'en avions point. Les ennemis vinrent, et attaquèrent la ligne du côté de Bellescence et des gardes, en demandant qui va-là, ils répondirent que c'étaient les charpentiers de Dom Jouan [1] qui venaient couper nos palissades. Il est vrai qu'il y en avait, mais c'étaient des bâtons qui n'étaient pas si gros que le bras, et qui tenaient très peu en terre, et les lignes étaient les plus méchantes que j'aie jamais vues. Ils les attaquèrent donc, et le premier endroit qu'ils forcèrent, fut le quartier que défendait Bellescence proche la digue, et l'endroit que les gardes gardaient, qui était soutenu du régiment de la Reine qui fit merveille. Tous les capitaines, officiers, et la plus grande partie des cavaliers, y furent tués

1. Don Juan d'Autriche, fils naturel de Philippe IV, né en 1629, mort en 1679.

ou blessés : pour l'infanterie de ce côté-là, je n'en dirai pas de même.

Les troupes qui devaient nous attaquer du côté que nous faisions front, attaquèrent un seul redan des nôtres, qui était au bout de la ligne que gardaient les gardes. Ringal, capitaine au régiment de Piedmont, voyant les gardes attaqués, et qu'il ne l'était pas encore, à cause de son frère Pradel, capitaine aux gardes, lui qui commandait dans ce redan, sortit avec une partie de ses gens, et s'en alla droit où étaient les gardes, où il fut blessé, et mourut trois jours après avoir été mené à la ville. Les ennemis forcèrent ce redan, et la barrière où commandait Lignan, capitaine de Piedmont, qui fit des merveilles, et repoussa par trois fois les ennemis ; mais à la fin il fut pris prisonnier. Nos deux autres redans ne furent point attaqués par ceux qui étaient devant eux, mais par ceux qui étaient entrés par le quartier des gardes, qui marchaient en bataille, ayant notre ligne à la gauche, et la ville à la droite. Quand je vis que tout était forcé, je dis à mon fils aîné, qui était enseigne colonel du régiment qu'il se sauvât. Je lui donnai deux sergents et cinq ou six soldats, et lui dis que s'il rencontrait quelque officier à cheval, qu'il lui donnât son drapeau, afin de le sauver. Il le donna à Saintot, capitaine du régiment, qui le sauva. Pour moi je m'en allai, et me voulais retirer dans une église qui était proche de la ville, dans laquelle nous gardions les prisonniers de guerre ; mais l'Amiral me dit qu'il ne fallait pas aller là, et que ces prisonniers seraient les premiers qui nous tueraient, quand ils verraient arriver leurs gens. Nous marchâmes donc droit au quartier de Monsieur de Grandpré, où nous trouvâmes seize ou dix-huit escadrons en bataille ; et comme je ne savais pas quels ils étaient, je leur criai : Quoi, Messieurs, un gros de cavalerie comme est le vôtre, laisse forcer les lignes, sans soutenir l'infanterie, et sans faire aucun semblant d'aller aux ennemis ? Je suis assuré que si vous y vouliez aller, vous les déferiez, ils n'entrent qu'en désordre, parce qu'ils n'entrent que par des barrières. La ligne ayant été abandonnée par ceux qui la gardaient, s'il y eût eu quelqu'un de vous autres pour soutenir le régiment de la Reine, ils ne seraient jamais entrés ; et comme personne ne répondait, je recommençai la même chose trois ou quatre fois, en leur disant des injures. A la fin Monsieur de la Ferté demanda qui parlait-là ; je le connus à sa voix, et lui dis : C'est Puységur, Monsieur, qui parle à vous, la ligne est forcée ; l'on pourrait, si on allait aux ennemis, les chasser de ce côté-là. Il répondit qu'il y fallait marcher ; et de fait, ils marchèrent environ vingt pas, comme si ils eussent voulu aller droit à eux ; mais ils entendirent crier tout d'un coup sur leur droite : *Tue*, *tue*, ils firent un caracol, abandonnèrent Monsieur le maréchal ; et au lieu d'aller aux ennemis, ils tournèrent le dos, et se retirèrent, croyant gagner le pont qui était proche le quartier de Gadaigne, et qui avait été emporté et submergé par le moyen de l'eau qui entra par les fossés faits le long de l'Escaut, dont j'ai parlé ci-dessus, et qui servaient à blanchir les toiles ; et le tout pour ne les avoir pas voulu boucher, comme j'avais dit qu'il le fallait faire. Il est certain que le désordre était si grand parmi cette cavalerie, qu'ils se jetaient en bas, du haut de certaines dunes qu'il y a, et tombaient pêle-mêle sur des tentes de Monsieur de Bellefont. Monsieur de la Ferté y fut pris, et sans Cheras son capitaine des gardes, il aurait été tué, d'autant que ce pauvre gentilhomme, pour lui sauver le coup, le reçut dans la tête, et en mourut six jours après avoir été fait prisonnier. Ricousse gentilhomme de Monsieur le prince, se rencontra-là, qui arrêta Monsieur de la Ferté, et empêcha qu'il ne fût tué. Monsieur de Moret, le comte d'Estrées, le lieutenant des chevau-légers de Monsieur le cardinal, l'enseigne, et beaucoup de ses gens-d'armes et chevau-légers, furent pris prisonniers [1]. Je ne pouvais pas aller aussi vite que ces Messieurs, je marchai droit

1. Voir sur les morts, les blessés et les prisonniers, les *Mémoires* de Montglat (t. IV, p. 116), ceux de Bussy (t. II, p. 13-14), etc.

à ce pont, aux environs duquel était toute cette cavalerie, et tout le long du canal. Je me fis faire place avec les sergents que j'avais avec moi, et je passai par-dessus des trates qu'il y avait, et que l'eau n'avait pas emportés. Quand je fus passé, je vis des bataillons qui venaient droit à ceux qui étaient au bord du canal. Je dis à cette cavalerie : Vous êtes de grands coquins, tournez vers ces troupes-là, vous les battrez, et vous vous sauverez droit à Arras. Au lieu de faire ce que je leur disais, quoiqu'ils vissent bien qu'en se jetant dans le canal, ils n'en pourraient pas sortir quand ils y seraient, ils ne laissèrent pas de s'y jeter tout d'un coup. Ils étaient plus de quinze cents dans ce canal, qui furent tous noyés avec leurs chevaux, parce qu'on ne pouvait pas les secourir ni les en tirer. Pour moi, avec sept ou huit, je me mis dans une masure entre les deux ponts, qui étaient voûtés par-dessus, dans laquelle étant entré, je dis à l'Amiral qu'il sortît avec son halebarde, et qu'il fît semblant d'être des troupes de Monsieur le prince, pour regarder s'il ne trouverait pas quelque officier : et s'il en trouvait quelqu'un, qu'il l'amenât où nous étions, afin de nous rendre à lui, pour empêcher qu'on ne nous tuât, attendu que c'étaient des Curelins qui donnaient par là, et qui ne sont pas troupes trop bien réglées ; car ce sont des paysans ramassés, qui n'ont que leurs fusils sur l'épaule, et un gros couteau pendu à leur ceinture au lieu de sabre. La vérité est qu'il ne fut pas longtemps à nous rendre réponse. Je lui dis qu'il fallait retourner. Il me répondit qu'il le voulait bien, mais qu'il allait dépouiller son bufle, le mettre sur sa chair, et sa chemise par-dessus ; ce qu'il fit : et un moment après, comme il voulut sortir, nous entendîmes du bruit au-dessus de la voûte où nous étions. Je dis : Assurément ils descendront ici-bas, il faut prendre celui qui entrera ici. Nous le prîmes, dont il eut grand peur, et nous demanda quartier. Je lui répondis que je lui ferais bon quartier, et que même je le recevrais de lui ; et lui ayant demandé quel il était, il me dit qu'il était lieutenant réformé du régiment d'un colonel walon. Je le priai d'aller avec l'Amiral, pour voir s'il ne trouverait pas encore quelque officier, afin que nous pussions être conduits en sûreté dans la ville, et que chacun de nous payerait rançon selon les charges qu'il avait. Il sortit, n'alla pas loin, et amena un autre officier avec lui. Nous nous fîmes conduire à la ville. L'Amiral et un autre sergent du régiment, marchaient avec leurs halebardes, et faisaient comme si nous eussions été leurs prisonniers. Comme j'entrai dans la ville, et passant devant le logis du gouverneur, qui n'est pas bien éloigné de la porte, Monsieur de Ricousse, qui venait de conduire Monsieur de la Ferté chez Monsieur de Bournonville gouverneur de la ville [1], était devant cette porte, lequel me voyant, vint à moi, et me dit que Monsieur le prince avait commandé à tous ses gens de me faire chercher, pour voir si j'étais prisonnier ; et que si cela était, il voulait que ceux qui m'auraient pris, me menassent à lui. Il me prit donc, et me mena chez le gouverneur, et dit à ces officiers qu'il répondait de ma rançon. Je leur dis : Messieurs, allez-vous-en, menez ces cinq officiers que vous avez, dont il y a un capitaine, deux lieutenants et deux enseignes, dans une hôtellerie ; et quand vous les y aurez conduits, venez-vous-en ici me dire où ils sont, je vous réponds de leur rançon, et de celle des trois sergents qui sont avec vous. Comme je leur disais ces paroles, je vis une enseigne du régiment de Piedmont, nommé Tuillet, frère de Rouziere, capitaine. Ce pauvre gentilhomme avait le bras cassé, était tout nu, n'ayant que sa chemise. Je le fis aller avec les autres ; et dis à ces Messieurs, pour mon épée qu'ils avaient, laquelle était d'argent, qu'ils me la gardassent, que je leur payerais la valeur de ce qu'elle pèserait. Je savais bien ce qu'elle pesait, parce que je l'avais déjà retirée de ceux qui m'avaient pris prisonnier à Honnecourt. Ils menèrent ces officiers à l'Aigle noir.

Dans ce temps-là Monsieur le prince entra

1. Le Gouverneur de Valenciennes avait été connu sous le nom de comte d'Hénin, avant d'être connu sous le nom de duc de Bournonville.

dans la ville, et vint au logis de Monsieur de Bournonville ; et lui dit : Monsieur de Bournonville, voilà Puységur, qui est un de mes bons amis, et que j'aime bien ; je veux qu'il soit prisonnier sur sa parole, et tous ceux qui sont pris du régiment de Piedmont, dont il voudra répondre, comme aussi de tous les prisonniers des autres troupes. Monsieur de Bournonville lui répondit, qu'il ne manquerait point de faire ce que Son Altesse lui commandait. Après il me dit : Menez-moi voir Monsieur le maréchal de la Ferté. Je lui dis : Je m'en vais l'avertir de l'honneur que vous lui voulez faire. Je montai dans sa chambre, et le trouvai tout nu en chemise devant le feu, quoique l'on fût lors dans les grandes chaleurs, mais c'est qu'il avait eu beaucoup chaud ; et que ceux qui l'avaient pris, l'avaient fait marcher un peu rudement. Il se jeta promptement dans le lit, et je fus dire à Monsieur le prince, que Monsieur de la Ferté attendait avec impatience l'honneur de le voir ; que s'il eût été levé, il serait descendu pour recevoir cet honneur-là. Monsieur le prince monta ; et en entrant dans la chambre, alla droit au lit de Monsieur de la Ferté, l'embrassa ; et lui dit : J'aurais souhaité que votre camarade [1] eût été pris plutôt que vous, je lui

1. Turenne. Allusion à la lettre injurieuse pour Condé qui fut interceptée par ce dernier. Tout le récit de Puységur a été reproduit par Desormeaux. (t. IV, p. 81-82).

aurais appris à écrire la vérité ; ce n'est pas que je le craigne en campagne, je vous appréhenderais bien plus que lui. Tout ce que j'ai à vous dire, puisque vous êtes mon prisonnier, est que vous serez en liberté le plus tôt qu'il me sera possible ; mais comme il faut tenir quelque sorte de mesure et de façon de vivre avec ces gens ici, cela m'empêchera de vous renvoyer dès demain. Pour de rançon de vous, je n'en veux point ni de votre argent, mais je veux bien toucher celui que le Roi donnera pour vous retirer. Monsieur de la Ferté lui fit cent remercîments, et le pria de lui donner un passeport, pour envoyer à Nancy à Madame sa femme. J'allai chercher une écritoire, et Monsieur le prince écrivit ce passeport, et le signa dans la chambre de Monsieur de la Ferté. Le page partit deux heures après pour Nancy, auquel je donnai une lettre pour Monsieur de Bridieu, gouverneur de Guise, pour faire tenir à ma femme à Soissons. Monsieur de la Ferté s'étant levé de son lit, et s'étant mis proche du feu, il vit entrer son valet de chambre qui pleurait. Il lui demanda la cause qui l'obligeait à pleurer, mais il ne la lui voulut pas dire. Est-ce que Cheras est mort, dit Monsieur de la Ferté ? Ce valet de chambre lui répondit : Non, Monsieur, ce n'est pas cela. — Qu'est-ce donc ? — Monsieur, répondit-il, quand Monsieur le prince est monté ici-haut, je suis descendu pour lâcher de l'eau ;

il y avait tant de monde, que je ne l'ai pu faire dans la cour; je suis sorti un peu hors de la porte, pour aller contre une muraille, des gens m'ont pris, m'ont fouillé, et m'ont enlevé votre bourse bleue. C'était une grande bourse de velours bleu, dans laquelle il y avait six cents louis d'or. Monsieur de la Ferté se tourna, et de la rage qu'il eut, prit le valet de chambre, l'enleva, et le jeta dans le feu. J'aidai vite à le retirer, et le fis sortir ses chausses brûlées. Monsieur le maréchal me dit : Ne suis-je pas réduit à une grande extrémité, j'avais hier dans le coffre derrière mon carrosse cent mille livres en or, et je n'ai pas aujourd'hui un sol ici ; j'ai perdu tout cela. Je lui dis qu'il ne se devait point fâcher, qu'il trouverait assez de crédit, et l'apaisai un peu. Six jours après il arriva un trompette de la part de Monsieur le cardinal, qui envoyait à Monsieur de Moret quatre mille livres, trois mille livres à Monsieur de Grandpré, prisonnier et blessé, et mille écus à son lieutenant des chevau-légers, et leur écrivait à chacun d'eux. Il me fit aussi l'honneur de m'écrire par le même trompette ; mais dans la lettre il ne me parlait point d'argent. Il me manda seulement qu'il savait bien que j'avais payé ma rançon, et que je devais bientôt sortir ; qu'il me priait de donner de l'argent à ses gens d'armes, et à ses chevau-légers qui étaient blessés et prisonniers ; d'avoir soin d'eux, et qu'il me rendrait ce que je leur donnerais. Je dis à Monsieur de Moret: Monsieur le cardinal me mande de donner de l'argent à ses gens d'armes, vous êtes lieutenant de cette compagnie, il vous en envoie, vous leur en pourrez donner. Monsieur Droin, lieutenant des chevau-légers leur en pourra donner aussi. Il me dit : Non, il faut que ce soit vous qui leur en donne ; car si c'était moi qui leur en donnât, il ne me le rendrait jamais. Je me laissai aller, et je donnai jusques à trente-trois pistoles à ces gens d'armes et à ces chevau-légers. Le premier argent que je touchai à Valenciennes, fut d'un honnête homme nommé Janiquart, gros marchand de vin, qui avait correspondance à Reims avec un appelé la Vieuville, et à Paris avec un nommé Jacques Vanescel. Je le fus trouver avec les officiers, de qui j'étais prisonnier, un matin sur les huit heures, et lui demandai s'il avait correspondance en quelque ville de France. Il me dit qu'il en avait à Reims et à Paris, avec ceux que je viens de nommer. Je le priai d'écrire pour Reims à Monsieur de la Vieuville, qu'il reçût mille écus que l'on lui donnerait, pour être rendus par lui à Monsieur de Puységur, mestre de camp du régiment de Piedmont ; et lui dis que j'enverrais un tambour porter sa lettre et sa réponse. Il dit en présence de ces deux officiers : Si c'est Monsieur qui a commandé dans Dixmude, dans Bergues et dans Ypres, je lui baillerai les mille écus qu'il demande, et ne prendrai qu'une lettre de lui, pour me les faire rendre à Reims pistole pour pistole, ne voulant point d'autre gain que cela. J'en fis quelque difficulté, désirant qu'il touchât mon argent avant qu'il me donnât le sien. Ces officiers me disaient : Monsieur, puisqu'il vous veut bien donner l'argent, prenez-le, et nous le donnez ; l'armée va marcher, et nous n'aurons pas la peine de revenir. Je consentis à la bonté de ce marchand, et à l'empressement que me faisaient ces officiers. Je payai ma rançon de mille florins, cinquante écus pour celle de Marconnier capitaine, vingt écus pour chaque lieutenant, quinze écus pour chaque enseigne, et vingt-deux livres pour chaque sergent.

Dans ce temps-là, Monsieur de Mondejeu manda à un marchand de Valenciennes de me donner quarante mille livres. Ce marchand me les vint offrir. Je lui dis que je remerciais Monsieur de Mondejeu. Il me demanda si je ne voulais point lui faire réponse. Je lui dis que j'avais promis à Monsieur de Bournonville de n'écrire à personne, sans sa permission, et sans lui faire voir ma lettre, que cela serait cause que je n'écrirais point à Monsieur de Mondejeu. Monsieur de l'Anglée m'envoya une lettre de change de dix mille livres, dont je ne voulus point me servir. Madame de Liège, ma belle-mère, m'en envoya une de six mille livres, par le moyen de Cramelin.

Un nommé Mathon qui était dans les vivres, écrivit à son frère, qui s'appelait aussi Mathon, et qui était prévôt d'Avennes, pour me faire donner à Valenciennes tout ce dont j'aurais besoin. Il écrivit à Monsieur Icart, sans conditionner la lettre, mais seulement ce que j'aurais besoin. Monsieur Icart me vint trouver, et me dit qu'il m'apportait une lettre pour me la faire voir, que Monsieur Mathon, prévôt d'Avennes, lui écrivait, par laquelle il lui mandait qu'il me donnât ce dont j'aurais besoin ; que si je voulais, il me donnerait dix mille écus, et que je n'aurais qu'à mettre le reçu derrière. Je l'en remerciai. Monsieur de Mondejeu crut que ce marchand ne m'avait pas offert l'argent qu'il lui ordonnait de me donner ; et comme il alla à Arras, il le retint, et m'envoya son trompette pour savoir de moi ce qui en était. Je lui dis qu'il me l'avait offert, et je priai Monsieur de Bournonville de trouver bon que je fisse un compliment à Monsieur de Mondejeu, pour le remercier de toutes les bontés qu'il avait pour moi. Il me le permit, et je lui écrivis.

Deux jours après que je fus entré dans Valenciennes, ne sachant ce que mes enfants étaient devenus, n'ayant point été averti s'ils étaient pris ou non par les troupes de l'armée de Monsieur le prince, Monsieur de Ricousse s'en vint à moi, et me dit : Je crois qu'on vous ferait un grand plaisir, si l'on vous disait des nouvelles de votre fils aîné. Je lui dis que oui. Il me fit conduire par un officier de Son Altesse, qui avait été acheter des prunes au logis du prévôt de Valenciennes, et qui avait vu mon fils sous le prunier, qui n'avait qu'une méchante chemise sur soi. Je m'y fis conduire, et le trouvai sous l'arbre en cet équipage. Il me dit qu'il fallait cent livres pour le tirer de là. Je les donnai, et l'emmenai avec moi dans une maison que j'avais louée proche le logis de Monsieur le gouverneur ; en passant à travers de la grand'place, j'entrai dans la boutique d'un vendeur d'habits de treillis et de toile, et lui en achetai un de treillis tout complet, avec une chemise, et le menai à mon logis. Quantité d'officiers du régiment de Piedmont qui avaient été dépouillés, me prièrent de les assister, et de les vouloir habiller. Je leur dis que je les aimais comme mes enfants, que je voulais les traiter de même. Je les habillai tous de treillis comme mon fils, et leur prêtai de l'argent pour vivre. Monsieur de Mondejeu sachant que Monsieur le comte de Grandpré était prisonnier, blessé et taxé comme lieutenant général à vingt-mille livres pour sa rançon, les lui envoya pour la payer, et par ce moyen se tira de prison.

Comme l'armée des ennemis voulut aller assiéger Condé, on fit commandement à tous ceux qui avaient des prisonniers, de les mener à Valenciennes, et de les mettre entre les mains de Monsieur de Bournonville. A mesure qu'on les lui menait, et ne les connaissant pas, il les voulait envoyer en prison ; de quoi il les voyait tellement fâchés, que cela le touchait, et leur disait : Messieurs, je ne puis faire autrement, j'ai bien du déplaisir d'être contraint de vous y envoyer. Si pourtant vous connaissiez Monsieur de Puységur, j'ai ordre de Monsieur le prince de vous laisser libres sur sa parole. Ils lui disaient tous : Monsieur de Puységur ne nous refusera point cette grâce. Il me les envoyait par son secrétaire, qui prenait leurs noms, puis nous signions eux et moi, comme quoi je répondais pour eux ; et en peu de temps je répondis pour plus de six-vingts officiers. Je fis presser Monsieur le prince de me vouloir laisser sortir, puisque j'avais payé ma rançon. Il me fit dire par Monsieur de Marchin [1], qu'il était vrai que je l'avais payée, mais qu'il ne pouvait pas me laisser aller, parce que j'avais vu toute l'armée, qu'il me connaissait bien, et que je pourrais donner des avis en France qui lui pourraient nuire ; mais qu'il me promettait que dans le huitième d'octobre il me laisserait sortir, et qu'en attendant il m'enverrait à Malines, avec Messieurs les chevaliers de Rohan [2] et de Moret, et quelques

1. Jean Gaspard Ferdinand, comte de Marchin ou Marsin, né en 1610 dans le pays de Liège, entra sous Louis XIII, au service de la France. Il était colonel d'un régiment de cavalerie en 1638 et lieutenant-général en 1647. Il s'attacha toujours à la fortune du prince de Condé. Il mourut en 1673.

2. Louis, chevalier de Rohan, mort sur l'échafaud le 27 novembre 1674.

autres officiers. Il envoya son carrosse pour nous prendre et nous y mener. Nous allâmes coucher à Tournai, de là à Oudenarde [1], et puis à Malines [2], où j'avais cinquante et un ou cinquante-deux officiers, et trois cents soldats du régiment de Piedmont, à chacun desquels soldats je donnais tous les jours un demi-pot de bierre, et pour dix-huit deniers de fromage, et les habillai tous.

Dans le temps que j'étais prisonnier à Valenciennes, j'en avais fait sortir quelques-uns des meilleurs, sous le prétexte que c'étaient des valets qu'on demandait. L'assistance que je fis aux officiers du régiment, et à beaucoup d'autres joint à ce que je donnais aux soldats, montait à vingt mille livres. Tous les officiers m'ont fort bien payé, et n'ai nul sujet de m'en plaindre. Pour ce qui est des soldats, je leur donnai de bon cœur les avances que j'avais faites pour eux, et j'aurais encore mieux fait si je l'eusse pu faire.

Le premier jour d'octobre Monsieur le prince envoya le trompette de Monsieur de Marchin me prendre à Malines, et me conduisit à Tournai, où je demeurai huit jours dans l'hôtellerie de l'Étoile d'or, allant tous les jours quand je voulais dîner et souper chez Monsieur le Marquis de

1. Ville de Belgique, à 29 kilomètres de Gand.
2. Ville de Belgique, à 20 kilomètres de Bruxelles.

Tresigny qui en était gouverneur. Au bout de huit jours le même trompette revint avec un passeport, pour me conduire avec mon fils jusques à Péronne, d'où je partis pour m'acheminer à Paris, et de là trouver le Roi qui était au bois de Vincennes. Monsieur le cardinal voulut parler à moi en particulier. Je le fus trouver. Il me dit que j'avais été impatient, et que je devais encore un peu attendre, qu'il m'aurait retiré, et qu'il ne m'en aurait rien coûté. Je lui répondis qu'il fallait être bien patient pour demeurer en prison ; que pour moi je tenais pour maxime, que quand on était prisonnier, il était toujours bon d'en sortir le plus tôt que l'on pouvait ; mais que je voyais bien que Son Éminence me disait cela, de peur de me rendre la rançon que j'avais donnée. Il m'entretint fort sur ce qui se faisait en Flandres. Je lui dis, qu'à moins qu'il retirât Monsieur le prince d'avec les ennemis, j'étais assuré qu'il ne ferait jamais de grands progrès en ces pays-là ; que c'était lui qui leur faisait entreprendre tout ce qu'il y avait de hardi à faire ; et que si les ennemis l'avaient voulu croire, il nous aurait bien empêchés de faire beaucoup de choses que nous avions faites. Il me répondit que les ennemis faisaient aussi grand cas de Monsieur de Marchin. Je lui répondis qu'ils avaient raison, que c'était un habile homme. Il me dit que Monsieur le prince avait une ambition déréglée, qu'il ne pouvait souffrir personne, et que la Reine ne consentirait jamais à le faire retourner, à cause de l'affaire de Gerzé. Notre conversation finit par l'arrivée de Monsieur de Nogent [1], qui lui vint apporter le pied d'un lièvre que le Roi venait de prendre avec des chiens courants dans le parc. Voyez un peu, dit-il, on est enfermé, on parle d'affaires, et cet homme nous vient interrompre avec le pied d'un lièvre. Je lui dis : Ma foi, je crois que vous auriez mieux aimé qu'il vous eût apporté celui de Monsieur le prince. — Ah ! Puységur, dit-il, vous faites grand cas de Monsieur le prince. — Oui, lui répondis-je, j'en fais cas, et suis certain qu'il n'y a point d'homme dans le monde qui sache si bien la guerre qu'il la sait, ni qui soit aussi vaillant que lui. Je sortis de son cabinet, et m'en allai pour m'en retourner à Paris, sans espérance de nul bienfait ; et je n'eus pas même la hardiesse de lui demander les trente-trois pistoles que j'avais données à ses gens-d'armes et à ses chevau-légers, et desquelles je n'ai été remboursé qu'après sa mort par Monsieur le duc Mazarin [2].

Il faut maintenant parler de ce qu'on pouvait faire pour retirer les troupes de la tranchée de Valenciennes, pour empêcher qu'elles ne fussent

1. Nicolas Bautru, comte de Nogent, marquis du Tremblai-le-Vicomte, capitaine des gardes de la porte, mort en septembre 1661.

2. Armand Charles, d'abord marquis de la Porte et de la Meilleraie, devenu duc de Mazarin par son mariage avec la nièce du cardinal, Hortense Mancini, mort en 1713.

perdues comme elles ont été. Le quartier de Monsieur de Turenne était à la queue de la tranchée de l'attaque de l'une et de l'autre armée, et les ponts qu'il fallait que les ennemis passassent, après avoir forcé celui de Monsieur de la Ferté, pour venir ensuite à celui de Monsieur de Turenne, étaient rompus. De l'autre côté la digue était aussi rompue, on ne pouvait passer non plus dans le quartier des ennemis sur la hauteur qu'ils occupaient : il n'y était demeuré que trois cents chevaux, en comptant quelques dragons qui étaient de ce nombre-là. Romainville, maréchal de camp de Monsieur le prince, commandait ces troupes-là, et avait fait une grande rangée de mèches attachées à des piques, à la hauteur de la moitié de l'homme, et un homme qui tirait la corde qui les attachait, faisait branler toutes ces mèches. On tirait quelques coups de la batterie qui était sur la hauteur, mais ce n'était que pour persuader que les troupes étaient encore dans leur quartier, quoiqu'elles n'y fussent plus, et on ne s'avisa jamais d'envoyer reconnaître ce qui était sur cette hauteur-là. Je ne dis pas qu'on n'y envoya pas dès la première nuit, mais durant dix ou douze jours que les ennemis y demeurèrent. Le courant de l'eau rompit la digue, de sorte que de pas un seul côté, les troupes qui avaient battu celles de Monsieur de la Ferté, ne pouvaient aller au quartier de Monsieur de Turenne ; et même le régiment de Vervins, que Monsieur de Turenne envoyait au quartier de Monsieur de la Ferté, fut pris, étant embarrassé sur la digue ; et il eût fallu que les ennemis eussent repassé sur le même pont, et n'eussent pu tomber que sur le quartier des Lorrains, parce qu'ils n'auraient pu entrer dans celui de Monsieur de Turenne, n'y ayant pas de pont sur le ruisseau qu'il fallait passer pour y entrer.

Toute cette explication que je fais ici, n'est que pour faire voir, qu'on ne devait pas être si pressé de sortir du quartier de Monsieur de Turenne, sans lever la tranchée, d'autant que personne ne pouvait aller à eux ; et il était près de midi auparavant qu'on eût débouché la porte, par où il fallait que les troupes que les ennemis firent passer à travers la ville, pour aller au quartier de Monsieur de Turenne, sortissent, attendu qu'il y avait une si grande quantité de fumier, qu'on ne la pouvait déboucher ; ainsi rien ne pouvait aller sur la tranchée, que les troupes qui la défendaient. On n'avait qu'à faire marcher la tranchée de Monsieur de Turenne la première, pour se joindre à sa cavalerie, et la tranchée de Monsieur de la Ferté aurait suivi celle de Monsieur de Turenne. Les ennemis qui défendaient l'attaque n'auraient pu les suivre, et si l'infanterie les eût suivis, la nôtre aurait fait tête, et eût pu être soutenue de notre cavalerie, et on aurait pu même retenir le canon. Mais bien loin de tout cela, les gardes abandonnèrent la tranchée, et s'allèrent mettre dans l'abbaye où étaient les munitions. La garde de Monsieur de la Ferté fut encore prise. Monsieur de Turenne était à la tête de ses troupes, et ses domestiques furent si saisis de peur, qu'ils abandonnèrent sa tente, et même sa cassette, dans laquelle Monsieur de Bournonville me dit qu'il s'était trouvé une lettre que Monsieur le Cardinal lui écrivait, par laquelle il lui mandait qu'en faisant la capitulation de Valenciennes, il prît garde de ne pas laisser prendre la qualité de duc à Monsieur de Bournonville, parce que cela ferait tort à son frère qui était en France, à qui le Roi en avait donné la qualité. Qu'il y en avait aussi une autre, par laquelle il lui mandait de dire à Monsieur de Crequy, qu'il était trop emporté de faire difficulté d'obéir à Monsieur de Castelnau, et qu'il voulait qu'il lui dît, qu'il le ferait bien d'obéir quand il commanderait quelque chose. L'armée de Monsieur de Turenne se retira au Quesnoy, où elle demeura pendant quelques jours, après quoi elle alla assiéger la Chapelle [1], qu'elle emporta en peu de temps [2]. Et comme il y avait peu de gens du régiment du Piedmont qui se fussent sauvés de la déroute, on donna ordre au régiment

1. Le 19 septembre.
2. Le 27 septembre.

de faire une fausse attaque à une demi-lune. On pressa la place de tous côtés, et le régiment de Piedmont, au lieu de faire sa fausse attaque, emporta la contrescarpe et la demi-lune, quoique Monsieur de Chamilly [1] qui commandait dans la Chapelle, criât à ceux qui défendaient cette demi-lune, qu'ils n'avaient que faire d'appréhender, parce que ce n'était qu'un reste de Piedmont qui les attaquait. Il n'y avait qu'un capitaine nommé Rouzières, deux lieutenants et quelques cent cinquante hommes. Le capitaine et les deux lieutenants y furent tués, et vingt-quatre ou vingt-cinq soldats aussi, ou tués ou blessés.

1. Bussy Rabutin (*Mémoires*, t. II, p. 25), en parle ainsi : « Bouton, sieur de Chamilly, gentilhomme du Duché de Bourgogne, homme de mérite.. » Je suppose qu'il s'agit là du père du Marquis de Chamilly, qui fut maréchal de France en 1703 et qui mourut en 1710.

CHAPITRE XIV.

(1657)

Siège de Cambrai par Turenne. — Condé entre dans la ville. — Le siège est levé. — Conseils au sujet de la retraite donnés par Puységur et suivis par Turenne. — Puységur, à Laon, fait une chute de cheval. — Il se rend à Sedan pour aller de là assister au siège de Montmédy, mais il apprend la reddition de cette ville. — Entretien de Puységur avec Turenne. — Puységur entre dans Bourbourg. — Siège et capitulation de Mardik.

L'ANNÉE suivante 1657, on alla pour assiéger Cambray. Nous avions toujours été de l'armée de Monsieur de la Ferté, lequel ne vint point, et on nous fit marcher avec Monsieur de Turenne. Nous marchâmes comme si nous eussions voulu aller vers Aire. Comme nous fûmes arrivés au quartier où l'on coucha une nuit, Monsieur de Turenne prit des troupes de cavalerie, et des hommes commandés de l'infanterie, et me dit qu'il voulait que j'allasse avec lui. Nous marchâmes toute la nuit, et à six heures du matin nous arrivâmes devant Cambray, que nous investîmes de tous côtés ; et surprîmes si bien la ville, qu'il n'y avait dedans pour toutes troupes que la morte-paie, et quelques cinquante maîtres. Les habitants et le gouverneur étaient mal ensemble. La place étant investie [1], et le reste de l'armée arrivé, on fit les ponts de communication et aussitôt on bailla des outils à toutes les troupes, pour travailler en diligence à faire la ligne. Dans ce temps Monsieur de Turenne avait envoyé un parti vers le Quesnoy, pour savoir de Monsieur de Beauvau qui en était gouverneur, s'il n'avait point de nouvelles de Monsieur le prince, et pour lui dire que s'il en avait, il lui en mandât par ces gens-là ; sinon quand il en aurait, il lui fit savoir au camp de Cambray où il était. Il y envoya encore un autre parti avec un duplicata de lettres. L'un de ces partis fut pris par les troupes de Monsieur le prince, lequel ne croyait pas venir de ce côté-là ; mais sachant le peu de monde qu'il y avait dans Cambray, et que l'armée d'Espagne n'était pas prête pour le venir secourir, il se résolut de venir avec sa cavalerie qui faisait dix-huit escadrons, droit à Cambray. Il fallait qu'il passât par Valenciennes, et comme il en fut à deux lieues près, il prit le devant, et y vint demander au gouverneur, et à ceux qui comman-

1. Ce fut le 28 mai.

daient dans la ville, s'ils n'avaient pas eu nouvelles de l'armée de France. Ils lui dirent que non, mais que depuis vingt-quatre heures on avait ouï tirer des coups de canon de côté de Cambray. Il leur dit : Je tiens Cambray assiégé, et je veux tâcher de le secourir, auparavant que les ennemis aient fait leurs lignes. Faites-moi préparer passage pour mes troupes. Ceux de Valenciennes qui n'avaient pas accoutumé de laisser passer des troupes dans leur ville, lui dirent que s'il y voulait passer, ils lui donneraient passage. Monsieur le prince accepta le parti, et fit passer les troupes à travers la ville. Il fit repaître ceux qui étaient passés les premiers. Aussitôt qu'ils furent à un quart de lieue de la ville, il fit marcher les autres un peu plus loin ; et après qu'ils eurent repû, il prit ceux qui avaient passé les premiers, et avança avec cinq cents chevaux sur une hauteur, d'où il voyait le camp et les lignes. Il vit qu'on travaillait, et jugea par là que c'était tout de bon. Il revint à ses troupes, et fit venir tous les officiers, auxquels il dit que nous assiégions Cambray ; et que si on demeurait trois jours sans le secourir, les lignes seraient en état de ne pouvoir être forcées ; que l'armée espagnole était loin, et que l'on serait trop longtemps à l'attendre, et qu'ainsi il fallait entrer dans Cambray, et le secourir ; que pour cet effet il était nécessaire de marcher sur les sept à huit heures du soir. Il disposa donc sa cavalerie en trois lignes, six escadrons à chacune, et leur dit : Je mets six escadrons à la première ligne, Guitault les commandera [1] ; j'en mets six à la seconde, dans laquelle je serai, et six à la ligne de derrière. Bien des gens croient qu'on est plus en sûreté à la ligne du milieu qu'à la première, et moi je crois que non, parce que la première peut rencontrer les ennemis, n'étant point à cheval, les peut surprendre, et passer outre, comme il faut faire, lorsqu'on veut secourir une place. Il faut toujours pousser devant soi tout ce qu'on y rencontre, et aller jusques à la contrescarpe ; et si l'on est suivi quand on est là, il faut abandonner les chevaux et se jeter dedans. Il ne faut jamais tourner pour charger ceux qui vous suivent, mais marcher toujours pour entrer dans la place. Il se trouva que la première ligne de Monsieur le prince passa heureusement et s'il eût pris par le chemin creux, comme on croyait qu'il ferait, il est certain qu'il n'y aurait pu passer. On y avait mis fort bon ordre, mais par bonheur pour lui, il prit plus sur la droite, et tomba dans la garde du régiment de Paluau, qui demanda aux troupes de Monsieur le prince : *Qui vive*, ils répondirent : Guitaut ; les autres crurent qu'ils disaient Paluau, et les laissèrent

1. Guillaume de Pechpeyrou-Comminges, comte de Guitaut, marquis d'Epoisse, né en 1626, lieutenant général en 1657, mort en 1685.

passer sans leur faire grand mal. Monsieur le prince vint avec sa seconde ligne, qui trouva les troupes qui s'étaient resserrées ; il passa aussi, et força. Monsieur de Comiac, le Boulet et son page qui le suivait, furent pris auprès de lui ; l'autre rang passa encore, et entra ; ils furent à la palissade, et entrèrent dans la contrescarpe. Notre cavalerie qui devait les avoir chargés jusque-là, ne les suivit pas ; il y en eut seulement quelques-uns, qui pour dire qu'ils avaient tiré sur les ennemis, quand ils passaient, tirèrent leurs pistolets en l'air, comme s'ils eussent fait une salve. Je fis observer à tout notre régiment, comme quoi ces gens-là faisaient pour couvrir leur lâcheté, et qu'au moins ils devaient tirer leurs pistolets, comme quand on tire à des hommes qu'on a devant soi. Des troupes du Roi, Hauterive, maréchal des logis de l'armée, fut tué, non par les ennemis, mais par un des nôtres. Le jour étant venu, Monsieur de Turenne dit qu'il se voulait retirer, toute l'armée battit aux champs ; et en attendant qu'elle fût disposée pour marcher, il dépêcha un courrier à la cour, pour lui donner avis que Monsieur le prince était entré dans Cambray avec dix-huit escadrons, qu'il levait le siège, se retirait [1], allait loger à Crèvecœur [2]. Il ne s'excusa sur personne de l'entrée

1. Le 31 mai. Voir les mémoires de Bussy, de Montglat, de Turenne.
2. Ville du département du Nord, arrondissement de Cambrai, canton de Marcoing.

des troupes dans la ville. Quand Monsieur le prince y fut entré, les ennemis firent cinq ou six salves de coups de canon et de la mousqueterie. Monsieur de Turenne fit passer toutes les troupes des autres quartiers dans le sien, et puis il nous fit marcher ; mais véritablement nous ne marchions pas trop bien, parce que l'infanterie était à l'arrière-garde, qui se retirait d'une ville, dans laquelle il était entré dix-huit escadrons, commandés par le plus habile homme du monde et le plus vaillant, et que de Cambray à Crèvecœur il n'y a que des plaines. Monsieur de Varennes lieutenant général dans l'armée, vint se mettre à la tête du régiment de Piedmont. Je lui dis que je n'étais pas fâché de l'y voir après avoir mis un si bon ordre à notre retraite, et ayant mis l'infanterie à l'arrière-garde, en se retirant d'une ville dans laquelle il y avait bon nombre de cavalerie et à cette heure que je voyais que notre cavalerie, qui avait l'avant-garde, parce que les ennemis étaient derrière nous, allait si vite, que nous ne la pouvions pas suivre ; que je trouvais l'ordre fort beau et fort bon, mais qu'il me semblerait meilleur si la cavalerie n'allait pas si promptement, et qu'on la séparât en deux ; qu'on en mît la moitié marchant droit à Crèvecœur, et qu'on mît aussi l'infanterie en deux lignes suivant la cavalerie qui irait au dit Crèvecœur, et l'autre moitié de la cavalerie derrière ; qu'on détachât des pelotons de mousquetaires pour mettre aux ailes de la cavalerie qui serait l'arrière-garde, et qu'ainsi je croyais que les troupes seraient en plus grande sûreté. Monsieur de Varennes le fut dire à Monsieur de Turenne, qui fit arrêter la cavalerie, et la mit comme je viens de dire.

Monsieur le cardinal voyant que le siège de Cambray n'avait pas réussi, envoya ordre à Monsieur de la Ferté, qui avait des troupes vers la frontière de Champagne, d'investir Montmidy [1], ce qu'il fit. Monsieur de Turenne était venu avec l'armée camper à Fonsomes [2] et à Fervac. Il reçut ordre du Roi d'envoyer dix compagnies des gardes avec le régiment de Piedmont, et six autres régiments vers Laon, où Monsieur de Navailles les joindrait. Nous marchâmes droit à Laon, et nous logeâmes dans le faubourg. Je commandais les six régiments d'infanterie ; et quand je sus que Monsieur de Navailles était arrivé à Laon, je fus pour le voir, mon cheval s'abattit sous moi sur le pavé, je me blessai à la hanche, et n'achevai pas le voyage. Le siège de Montmidy dura longtemps. Je partis de Soissons pour y aller. Le Roi était à Sedan [3], où j'allai

1. L'armée arriva devant Montmédy le 9 juin. La circonvallation fut commencée le 13.
2. Fonsomme est une commune de l'Aisne, arrondissement et canton de Saint-Quentin.
3. Le roi était arrivé à Sedan le 8 juillet (*Mémoires* de Montglat, t. II, p. 145), et non le 23 juillet, comme l'a prétendu M. Bazin (t. IV, p. 385).

passer. Le lendemain que j'y fus arrivé, on eut nouvelle de la reddition de Montmidy [1], et que l'armée marchait pour aller assiéger Harbemont [2], que la cour croyait bien plus fort qu'il n'était. Il ne tint que vingt-quatre heures ; on le rasa. Nous vînmes camper à Ivoy. Le Roi était parti de Sedan pour aller vers Péronne, on y fit marcher une partie des troupes de Monsieur de la Ferté, commandées par Monsieur le marquis d'Uxelles. Nous vînmes camper à Mouchy-la-Gache, où nous demeurâmes huit jours. Les gardes qui gardaient Monsieur d'Uxelles, comme lieutenant général de l'armée, ne le gardaient qu'avec un sergent et vingt hommes, et il voulait que je lui donnasse un capitaine avec quarante hommes. Je lui dis que pour les quarante hommes, je les lui donnerais avec un officier, mais que je ne lui donnerais pas un capitaine, n'y ayant point d'apparence de raison qu'un capitaine de Piedmont relevât un sergent des gardes. Il était dans ce temps-là postulant avec Monsieur de Castelnau pour être maréchal de France. Il se plaignit à la cour de ce que je ne lui voulais pas donner un capitaine. On m'écrivit de le faire. J'envoyai à Monsieur le cardinal pour tâcher d'empêcher que cela ne fût ; mais Monsieur le cardinal qui ai-

1. La reddition est du 7 août (Montglat, t. IV, p. 149). Le roi entra, ce même jour, dans la ville et repartit, le même jour encore, pour Sedan.

2. Montglat (t. IV, p. 150) mentionne le *château d'Herbemont*, sans parler du siège indiqué par Puységur.

mait mieux lui donner un capitaine pour le garder que de le faire maréchal de France, m'envoya un second ordre pour lui en donner un ; ce que je fis, et dis à Monsieur d'Uxelles : On vous accorde un capitaine, mais on ne vous accordera pas le bâton de maréchal de France, quoique assurément je puis dire qu'il le méritait ; et on croira avoir assez fait pour vous, de vous donner la même garde. Nous fûmes joindre Monsieur de Turenne, marchâmes vers Cassel, et allâmes camper à Oüast [1]. Je fus sur le matin voir Monsieur de Turenne, qui était logé où demeuraient les Jésuites Irlandais. Comme j'étais avec lui, on lui vint dire qu'il y avait deux capucins qui désiraient parler à lui, et qui venaient de Bourbourg. Il me dit que je les allasse faire entrer. Il s'informa d'eux quelles gens il y avait dans Bourbourg. Ils lui répondirent qu'il n'y avait point de troupes. Après qu'il les eut entretenu quelque temps, il leur fit donner la sauvegarde qu'ils demandaient, et me commanda d'aller faire prendre les armes aux régiments de Piedmont et d'Espagny, et envoya ordre à quatre ou cinq escadrons de monter à cheval. Nous marchâmes et allâmes à Bourbourg [2]. Il me commanda d'entrer dans la ville, d'y demeurer, et d'empêcher

1. La localité que Puységur appelle *Oüast*, Bussy Rabutin l'appelle *Ouatte* (Mémoires, t. II, p. 46). C'est aujourd'hui *Watten*, commune du département du Nord, sur l'Aa, arrondissement de Dunkerque, canton de Bourbourg.

2. Le 18 septembre. Voir de Quincy (t. I, p. 226).

qu'on n'y fît aucun désordre ; ce que je fis. Quatre jours après, il mit Bout-du-Bois avec le régiment royal, et les Anglais dedans. Il me demanda si nous ne pourrions pas bien assiéger Mardik. Je lui dis que oui. Il demeura sept ou huit jours proche de cette place, sans néanmoins l'oser attaquer, parce que l'armée était à Dunkerque.

Pendant tout le temps qu'ils furent dans ce quartier, Messieurs les lieutenants généraux qui étaient trois, deux dans son armée, et le troisième dans celle de Monsieur de la Ferté, allaient tous les soirs reconnaître Mardik ; et moi qui les voyais aller, je remarquais bien qu'ils ne connaissaient que l'enveloppe qui avait été faite pour agrandir le fort. Je les laissai faire sans leur rien dire. Le jour pris pour entrer en garde et ouvrir la tranchée, le régiment de Picardie s'avisa de demander une attaque, puisque les gardes en avaient une, et qu'il était plus ancien régiment que Piedmont. Je leur dis que pour l'ancienneté, j'en demeurais d'accord, mais que l'armée de Monsieur de la Ferté était une armée séparée de celle de Monsieur de Turenne, encore bien qu'elle marchât avec la sienne ; et quoique Monsieur de Turenne donnât le mot à toutes les deux, qu'elles ne laissaient pas néanmoins d'être séparées, qu'elle portait le nom de la Ferté, qu'il y avait un lieutenant-général d'artillerie, comme à celle de Monsieur de Turenne, que les états majors étaient séparés, et même les états de fonds pour le payement. Par ces raisons-là nous l'emportâmes contre Messieurs de Picardie. Nous allâmes pour entrer en garde un jeudi au soir, Monsieur de Pradel commandait la garde des gardes. Je crois qu'il avait bien vingt compagnies avec lui qui faisaient près de deux mille hommes. J'arrivai avec le régiment de Piedmont au lieu qui m'avait été marqué, j'y trouvai Monsieur de Turenne, Castelnau, d'Uxelles et Pradel ; et les approchant, je m'apperçus qu'ils parlaient tout bas. Je leur en demandai la cause. Parce, dirent-ils, que les ennemis nous entendraient si nous parlions haut. — Et comment savez-vous, leur dis-je, que les ennemis sont là? — Parce, me répondirent-ils, qu'il y a huit jours que nous venons reconnaître. Et moi je vous dis que les ennemis ne sont point là, et que du lieu où vous montrez qu'ils sont,il y a plus de six cents pas ; ce que vous montrez ce sont les bastions du vieux fort qu'on a rasés. Sur cela je leur dis qu'il n'y avait point de temps à perdre, et que les gardes n'avaient qu'à prendre l'attaque de la droite ou de la gauche ; et que quand ils auraient choisi, j'irais me loger à la porte du fort Mardik ; et voilà, dis-je, comme vous avez tous bien reconnu. Les gardes prirent la droite. Je me mis à la tête du régiment de Piedmont, passai à travers le fort rasé, et m'allai mettre à la porte de l'ancien fort de Mardik. Les ennemis ne se défendaient qu'avec des grenades, et quelques coups de mousquets qu'ils tiraient du haut du bastion. Les gardes s'allèrent poster à l'endroit qu'ils avaient reconnu pour attaquer un bastion de ce fort qui avait été rasé, et où il n'y avait personne. Le lendemain matin le jour étant grand, Monsieur de Pradel vint voir notre travail, et me dit que nous avions été mieux conduits qu'eux. En vérité, dis-je, personne ne m'a conduit, j'y suis venu moi-même ; et aussitôt que j'aurai fait faire cette batterie sur le haut de ce bastion, ces gens-là seront prisonniers de guerre. Il y avait trois pièces de canon qui étaient proche de moi, dont l'une était de vingt-quatre, et les autres de douze. Sur celle de vingt-quatre, il y avait soixante chevaux, et si l'on ne pût jamais la faire marcher. Les chevaux étaient si harassés, qu'ils ne pouvaient donner un coup de collier, outre que quand l'un tirait, l'autre ne tirait pas. Je dis aux soldats qui étaient là, qu'il fallait mener cette pièce de canon jusque sur le haut du bastion, et que je ne voulais qu'autant d'hommes qu'il y avait de chevaux. Je dis à la Louvière, lieutenant de l'artillerie : L'on vous donne cent écus de chaque pièce de canon que vous mettez en batterie ; vous avez soixante chevaux qui ne la peuvent tirer, je m'en vais faire boire à soixante soldats à chacun pour un sol marqué d'eau de vie, et je mettrai la pièce en batterie. Je fis dételer les chevaux, et fis attacher des cordes à l'avant-train du canon, et au côté des essieux ; et quand j'eus mis les soldats aux cordes pour tirer, je leur dis qu'ils prissent garde à tirer tous d'un même temps ; ce qu'ils firent si bien et si à propos, qu'en moins d'une heure et demie les trois pièces furent posées sur la plate-forme. Il y eut un charpentier de tué dans le temps qu'on les y mettait. Les pièces n'eurent pas tiré dix ou douze coups, que les ennemis demandèrent à se rendre. Ils voulaient la composition trop bonne, Monsieur de Turenne ne voulut pas la leur accorder telle qu'ils la désiraient. Le lendemain ils se rendirent prisonniers de guerre [1]. Ce jour-là on était allé au fourrage, huit soldats du régiment de Piedmont furent pris par les ennemis. Je priai Monsieur de Turenne de m'en donner huit de ceux qui étaient dans Mardik, pour les échanger contre les miens qui avaient été pris. Il me fit une réponse, dont je ne fus pas trop satisfait, en disant qu'il ne pouvait pas donner les soldats qui étaient là-dedans pour échanger avec ceux du régiment italien de Carleponti, fort ancien, et les meilleurs hommes qui fussent dans l'armée d'Espagne. Je lui repartis que je ne les croyais pas meilleurs, ni d'un régiment plus ancien que ceux de Piedmont, et qu'il me semblait que ceux qui prenaient les

1. Mardik, investi le 29 septembre, capitula le 3 octobre au soir.

autres,devaient être meilleurs que ceux qui étaient pris. Quand je vis cela, je fis sauver sept ou huit capitaines de ce régiment de Carleponti, et bien des officiers encore. Leur colonel et tous les capitaines s'en sentirent si obligés, que lorsqu'on assiégea Dunkerque, quand il y avait quelqu'un de blessé ou de malade qu'on voulait faire passer en sûreté, on n'avait qu'à dire qu'il était du régiment de Piedmont, et Carleponti le faisait passer à travers de la ville de Graveline, où il commandait.

CHAPITRE XV.

(1658)

Prise de Dunkerque, de Bergues, de Furnes, de Dixmude, de Gravelines, de Menin, d'Ypres, d'Audenarde. — Conclusion de la paix. — Condé rentre en France et vient loger chez Puységur à Soissons. — Haine du Cardinal Mazarin contre Puységur.

L'ANNÉE suivante 1658, l'armée de Monsieur de Turenne alla mettre le siège devant Dunkerque [1]. Le régiment de Piedmont fut avec lui, on le prit, et on donna un combat contre les troupes d'Espagne qui venaient pour le secourir : nous le gagnâmes [2]. Le Roi pendant ce

1. L'investissement se fit le 25 mai ; la ville se rendit le 23 juin, selon les *Mémoires* de Montglat (t. IV, p. 175), le 25, selon *l'Art de vérifier les dates.* Ce fut, du reste, le 25, que les Espagnols sortirent de la ville et que Louis XIV y entra.

2. Le combat dont Puységur parle beaucoup trop discrètement a reçu le nom de bataille des Dunes (14 juin). Voir sur cette bataille, Montglat (t. IV, p. 176-178), Bussy-Rabutin (t. II, p. 57-66), sans oublier les *Mémoires* du vainqueur, Turenne, et une notice spéciale de la Mesnardière : *Relation de la bataille des Dunes.* Voir encore de Quincy (t. I, p. 234-236).

temps-là était malade à Calais [1]. Après on prit Bergues [2], Furnes [3] et Dixmude [4]. On fit des courses dans le pays ennemi, et puis on revint assiéger Graveline [5], où le régiment royal et celui de Montauzier, arrivèrent. Graveline étant pris [6], on alla vers Ypres, et l'on battit les troupes du prince de Ligne [7]. L'on prit Menin [8], et on revint assiéger et prendre Ypres [9]. Pendant le siège Monsieur le maréchal de Culemberg vint avec ses troupes, et s'alla poster à Menin. Après la prise d'Ypres, on alla prendre Audenarde [10], ensuite on fit la trève [11], et après la trève la paix [12], et le

1. Sur la maladie de Louis XIV, on peut consulter Montglat (t. IV, p. 182), Bussy (t. II, p. 77), de Quincy (t. I, p. 238).

2. Le 28 juin, dit Montglat (t. IV, p. 18), l'armée mit le siège devant Bergue qui fut battu si vivement que le 1er de juillet les Espagnols se rendirent prisonniers de guerre au nombre de huit cents. Selon Bussy qu'a suivi *l'Art de vérifier les dates*, la capitulation de Berg-saint-Vinox doit être mise au 2 juillet. Bussy doit être mieux informé que personne ; ce fut lui qui fut chargé d'investir Berg, comme il le rappelle (t. II, p. 70).

3. Dès que Bergue fut pris, dit Montglat (t. IV, p. 80), l'armée marcha droit à Furnes qui se rendit à sa vue. La reddition de Furnes est du 3 juillet.

4. Dixmude, ajoute Montglat (ibid, p. 80) imita l'exemple de Furnes (4 juillet). Ce fut à Bussy que la place se rendit (*Mémoires*, t. II, p. 72).

5. Ce fut le 27 juillet, d'après Bussy-Rabutin (t. II, p. 78) que « Bellefonds alla avec huit cents chevaux investir Gravelines. » Voir encore Montglat (t. IV, p. 184).

6. La reddition de Gravelines doit être placée, d'après le récit de Montglat (p. 186-187) entre le 26 et le 30 août. C'est ce dernier jour qui a été adopté dans l'*Art de vérifier les dates*.

7. Claude Lamoral, prince de Ligne, mort à Madrid en 1679, après avoir été général de cavalerie, ambassadeur en Angleterre, vice-roi de Sicile, gouverneur général de Milan, etc.

8. Ville de Belgique, dans la Flandre Occidentale, à 11 kilomètres de Courtray. La prise de Menin est du 17 septembre, selon l'*Art de vérifier les dates*. Montglat (t. IV, p. 188), semble dire que cette ville fut prise avant le 13 septembre.

9. Ypres capitula le 24, selon les *Mémoires* de Montglat (t. IV, p. 189), le 26, selon l'*Art de vérifier les dates*.

10. Puységur avait oublié que l'on avait pris la ville d'Audenarde avant la ville d'Ypres. Les *Mémoires* de Montglat (t. IV, p. 188) et l'*Art de vérifier les dates* sont d'accord pour mettre la reddition d'Audenarde au 9 septembre.

11. Le 8 mai 1659.

12. La paix entre l'Espagne et la France fut conclue le 7 novembre 1659, dans l'île des Faisans, sur la rivière de Bidassoa.

mariage du Roi [1]. Monsieur le prince revint en France, entra par la Capelle, et vint passer à Soissons. Je lui avais envoyé un relais à Chavignon [2], et il me fit l'honneur de venir loger chez moi. Je lui fis la meilleure chère qu'il me fut possible. Il me fit beaucoup d'honneur, et me témoigna bien de l'amitié, me disant que si la rivière n'eût pas été si grosse, il n'aurait pas passé à Soissons, pour ne pas loger chez moi, de peur que cela ne me préjudiciât. Je lui repartis que l'honneur qu'il me faisait ne me porterait point de préjudice, que je ne pouvais être plus mal avec Monsieur le cardinal que j'y étais, et qu'il m'avait fait tout le mal qu'il m'avait pu faire, et qu'ainsi Monsieur le prince ne pouvait rien appréhender pour moi, et que j'étais trop heureux d'avoir l'honneur de le voir chez moi. Il partit le lendemain de Soissons pour aller à Meaux avec des relais de carrosses que je lui donnai. Il ne voulut recevoir aucunes harangues ni visite des corps de ville de Soissons ; et dit qu'il n'en voulait point qu'il n'eût eu l'honneur de voir le Roi auparavant. Il s'en alla donc à Meaux, lui quatrième dans son carrosse, savoir Monsieur le duc d'Anguien, Monsieur de Boutteville et Guitaut.

1. Le mariage de Louis XIV avec l'infante Marie-Thérèse, fille aînée du roi d'Espagne, fut célébré à saint Jean-de-Luz, le 9 juin 1660.
2. *Sic* pour *Chavigny*, commune de l'Aisne, arrondissement de Soissons, à 7 kilomètres de cette ville.

Il alla de là à Coulomiers [1] chez Monsieur de Longueville, d'où il partit pour aller trouver le Roi à Marseille [2].

1. Chef-lieu d'arrondissement de Seine-et-Marne, à 47 kilomètres de Melun.

2. Le prince de Condé rejoignit le Roi non à Marseille, mais à Aix. Voir les *Mémoires* de Montglat (t. IV, p. 234) ceux de Mlle de Montpensier (édition de M. Chéruel), t. III, p. 408, etc. D'après Montglat, ce fut le 28 janvier que Condé arriva dans la capitale de la Provence. D'après une note de M. Chéruel (page déjà citée des *Mémoires* de Melle de Montpensier), ce fut le 27 janvier.

CHAPITRE XVI.

Puységur, revenant sur ses pas et envisageant les choses d'une manière générale, rappelle quelques avis importants donnés par lui à Louis XIII au sujet de M. de Biscara, gouverneur de Verdun, du comte de Charost, capitaine des gardes du corps, et de diverses affaires militaires. — Il se plaint de la malveillance de Mazarin et de Turenne, énumère les services rendus par lui à Louis XIII et à Louis XIV et termine en mentionnant l'audience que lui accorda le grand roi en 1677.

DANS les services que j'ai rendus au Roi, j'ose dire que j'ai contribué et empêché que les gouverneurs ne soient plus les maîtres absolus de leurs places ; et cela par les avis que j'ai donnés au feu Roi, et que l'on suit à présent ; savoir que Sa Majesté me parlant un jour de Monsieur de Biscara, et m'en disant beaucoup de bien, je lui dis que j'étais bien aise qu'elle m'en disait bien du bien, qu'elle avait raison, et que c'était un très honnête homme ; mais que j'avais vu autrefois Sa Majesté bien en colère contre lui, quand il ne voulait pas rendre Verdun. Le Roi me dit : N'avais-je pas raison, il était mon lieutenant dans

Verdun, et ne me voulait pas rendre la place, après que Monsieur de Marillac eut été arrêté prisonnier? Je lui repartis : Il est vrai, Sire, qu'il avait tort en ce qui vous regarde, mais il n'avait pas tort suivant la façon dont tous les gens d'honneur en usent. Votre Majesté ne l'avait pas choisi elle-même pour le mettre dans cette place, Monsieur de Marillac lui avait procuré ce bien-là, il était obligé de l'y servir, et de ne rendre point la ville tant qu'il vivrait, à d'autres qu'à lui, ni sans son ordre. Il faut que ce soient les rois qui mettent les personnes dans les places, et dans toutes les charges, par le choix qu'ils en doivent faire eux-mêmes, et ne les pas accorder à la prière des particuliers, parce que le sentiment d'un honnête homme, est de pouvoir être reconnaissant du bien qu'on lui fait, envers celui qui le lui procure. Les raisons qu'allèguent ceux qui donnent des gouvernements, sont de dire : C'est moi qui les donne, et ainsi on m'en doit la reconnaissance. On répond à cela, vous ne m'avez point choisi, cela provient de la demande qu'on a faite pour moi ; celui qui m'a mis dans la place, je le dois absolument servir, autrement je passerais pour ingrat. Le Roi voyant que je persistais toujours en la chose que j'avais dite, me repartit : Mais, Puységur, si cela se doit faire de la façon que vous alléguez, je n'ai donc point de place à moi, car je les ai toutes données, par la demande que des particuliers m'en ont faite. Je vis que cela l'embarrassait, je lui dis : Mais, Sire, vous êtes bien assuré de ceux qui vous les ont fait donner ? Il me répondit : Point trop. C'était à Saint-Germain-en-Laye que je lui parlais ainsi, le soir après son souper. Je pris congé de lui, en lui demandant si Sa Majesté ne me voulait rien commander, que je m'en allais à Noyon, où était la garnison du régiment. Il me repartit : Je m'en vais demain à Versailles, soyez ici de bon matin à mon lever, je veux parler à vous. Il était si matinal, que quoique dans le mois de décembre, et que je fusse arrivé entre quatre et cinq à Saint-Germain pour me trouver à son lever, il y avait plus de deux heures qu'il l'était déjà. Je trouvai son antichambre ouverte, et grattai à la porte de sa chambre. Bignier, autrement dit le Cadet, garçon de la chambre, m'ouvrit la porte, et me dit qu'il y avait plus de deux heures que le Roi était levé. Je m'approchai de la cheminée, où je trouvai Archambaut, qui me dit : Que le Roi n'avait point dormi pendant toute la nuit, qu'il était dans son prie-Dieu, et qu'il avait ordre de me faire entrer quand je serais arrivé. Le Roi commença de me dire qu'il n'avait pu dormir la nuit, et qu'il avait songé à ce que je lui avais dit touchant les gouvernements ; qu'il fallait qu'il y mît ordre, et que je lui donnasse un expédient pour cela. Je lui dis qu'il ne devait rien appréhender. Il me répondit qu'il appréhendait tout, et qu'il voulait trouver un remède, et que je lui en disse mon sentiment. Je lui dis que pour y remédier, il fallait mettre dans les places qui lui étaient suspectes, des compagnies des vieux corps, et des petits vieux, qu'il les avait remis à trente compagnies, qu'il suffisait d'en avoir vingt pour l'armée, et disperser les dix autres de chaque régiment dans les places ; que s'il fallait dix compagnies dans une, il en fallait prendre cinq d'un régiment, et cinq d'un autre qui fussent à Sa Majesté ; et que quand ces gens-là seraient dedans, il était assuré que si un gouverneur ne voulait pas obéir à ses ordres et qu'il vint à faire quelque chose contre son service, il ne faudrait qu'envoyer un billet au capitaine qui commandait, il prendrait le gouverneur, et le mènerait où Sa Majesté voudrait. Je commencerai, me dit-il, dans quinze jours à mettre des troupes dans les places, comme vous me le dites. Je mettrai dans Calais cinq compagnies de Picardie et cinq de Navarre, et autant dans Sedan; et pour vous autres, je vous mettrai du côté du Havre et de Brouage. Je lui dis: Sire, il me semble que vous commencez par un homme qui ne doit pas être suspect à Votre Majesté. — Qui voulez-vous dire, dit le Roi, est-ce le comte de Charost [1] ? — Oui, Sire. Il me répondit : Tu ne remar-

1. Louis de Béthune, comte, et depuis duc de Charost, mort en 1681, à 77 ans.

ques donc pas bien ce qu'il dit quand il parle de Monsieur le cardinal, il dit toujours: Le maître a dit ceci, le maître a dit cela? Je répondis que c'était une façon de parler qu'il avait, mais que je le tenais fort attaché au service de Sa Majesté; qu'outre cela il avait l'honneur d'être capitaine des gardes de son corps. Cela n'y fait rien, répliqua le Roi, je commencerai par là, et quinze jours après il envoya à Calais et à Sedan dix compagnies de Picardie et dix de Navarre. Dans cette même conversation, il me dit qu'on faisait les généraux fort puissants dans les armées qu'ils commandaient, par le moyen des troupes qu'ils avaient à eux ou à leurs amis, ce qui lui déplaisait fort. J'ajoutai que cela faisait encore un autre désordre, qui était que les généraux favorisaient les troupes qu'ils avaient à eux dans l'armée; que s'ils avaient mille hommes dans leurs régiments, ils leur faisaient donner trois mille rations de pain, et qu'à peine ils en voulaient donner aux autres pour les hommes qu'ils avaient, et faisaient toujours payer complètes leurs troupes, soit de cavalerie ou d'infanterie; que s'il y avait un bon quartier de rafraîchissement, ils le leur donnaient; que quand on était dans un siège, si une attaque allait tomber au tour de leur régiment, ils la faisaient faire par ceux que leur régiment relevait, ou bien ils attendaient qu'ils fussent sortis de garde, pour faire l'attaque par un autre, afin de conserver leurs troupes. Le Roi résolut de ne plus mettre de régiments de généraux dans leurs armées ; si un général commandait l'armée de Picardie, son régiment était dans celle de Champagne, d'Italie ou de Catalogne ; mais il ne put pas continuer ces ordres-là, parce qu'il mourut, et Monsieur de Charost pria la Reine de lui ôter les compagnies qu'il avait dans Calais ; et Monsieur le cardinal Mazarin fit sortir celles qui étaient dans Sedan, d'autant qu'il choisit le gouverneur et la place pour sa retraite, en cas de disgrâce. Pour moi j'ai dit au feu Roi deux fois en ma vie, que je m'étonnais de ce que je voyais que tout le monde voulait avoir des places pour sa sûreté et pour se maintenir à la cour, et se tenir dans le Louvre, où Sa Majesté les pouvait faire arrêter, quelques places qu'ils eussent, n'y ayant point d'autre sûreté pour un homme qui est à la cour, que celle qu'il peut prendre étant bien avec son Roi.

Depuis ce temps-là, l'année qu'on alla assiéger Bellegarde [1], Monsieur le cardinal vou-

1. Aujourd'hui Seurre, chef-lieu de canton de la Côte-d'Or, arrondissement de Beaune, sur la rive gauche de la Saône, à 37 kilomètres de Dijon. Le marquisat de Seurre avait été érigé en duché-pairie (1619), sous le nom de Bellegarde, en faveur de Roger de Saint-Lary, seigneur de Bellegarde, grand-écuyer. La ville de Seurre fut assiégée en 1650 et en 1653. En 1650, elle était défendue par le comte de Tavannes et attaquée par le duc de Vendôme ; investie le 21 mars, elle capitula le 9 avril *Mémoires* de Monglat, (t. III, p. 113-114). En 1653, elle était défendue par le comte de Bouteville et attaquée par le duc d'Epernon, gouverneur de Bourgogne ; investie le 9 mai, elle capitula le 6 juin, et fut rendue, non le 8 *juillet*, comme une faute d'impression le fait probablement dire aux auteurs de *l'Art de vérifier les dates*, mais le 8 juin (Montglat, t. IV, p. 7-9). Puységur s'est trompé de quelques jours en par-

lut que je lui fisse un dessein pour loger les troupes, sans les faire entrer dans le cœur du royaume, et le moyen de les faire subsister. Je lui dressai un état des logements des troupes [1], que je commençai depuis Metz et Verdun, revenant le long de la frontière de Champagne jusques à Calais, le Boulonnais, Abbeville, et jusques à Dieppe, et de leur faire donner cinq sols par jour pour vivre, et dire qu'il fallait casser tous les régiments particuliers des gouverneurs, pour mettre des troupes en garnison qui fussent au Roi, afin qu'il fût maître de ses places, et que les gouverneurs obéissent à ses ordres, ce qu'ils n'ont jamais fait que depuis qu'ils ne sont plus les maîtres des troupes. Monsieur le cardinal, bien loin de faire ces choses-là, remplit Brisac, et toutes les places qu'il avait, de gens et de troupes qui étaient à lui, comme étaient quasi tous les gouverneurs des places particulières, quoiqu'ils eussent acheté leurs gouvernements. Il ne se précautionnait pas seulement du côté des places, mais il s'assurait de tous les généraux d'armées,

---

lant de *l'année qu'on alla assiéger Bellegarde* : il aurait dû, pour être p tement exact, indiquer l'année qui précéda celle-là, comme on le verra la note suivante.

1. On conserve à la Bibliothèque Nationale (Lb. 37-1414) une plaquette de 6 pages in-4° intitulée : *Lettre d'avis donné à Mgr le cardinal Mazarin, pour l'entretènement et logement des troupes, par le sieur de Puységur, lieutenant colonel au régiment de Piedmont, et sergent de bataille des armées du Roy.* La Lettre débute ainsi : Mgr, voyant le soin que V. E. prend de soulager les peuples des maux qu'ils souffrent la plus part causés par les gens de guerre, auxquels il semble que toute chose soit permise, sous l'ombre d'un manquement de payement, etc. Le document est daté de Paris, « ce 27 Xbre 1649. » Le 27 décembre 1649 est si près de 1650 que Puységur est bien excusable d'avoir confondu une année avec l'autre.

que l'on peut dire avoir été à lui, comme aussi presque toutes les troupes, hors les vieux et petits vieux régiments, qui n'ont jamais été à d'autres qu'au Roi.

Monsieur le cardinal ne s'est pas seulement contenté de maltraiter les troupes qui étaient au Roi, mais on sait que sa colère est venue jusque contre moi, en me faisant défaire du régiment de Piedmont par force, et menacer de me faire casser. Il me fit écrire une lettre, par laquelle le Roi m'ordonnait de m'en défaire pour la moitié de ce qu'il valait. Le malheur qui est en moi, est qu'on m'a cru tout à fait au Roi, comme il est vrai que j'y ai toujours été, sans qu'on m'ait jamais pu séparer de son service, comme on le peut juger par mes Mémoires. Monsieur le cardinal voyait le Roi grand, il craignait qu'il n'eût un jour quelque favori qui lui donnât envie de se défaire de lui ; et que quelque précaution qu'il pût prendre, tant dans le choix des généraux que des places qu'il avait en sa disposition, le Roi ne fût toujours en état de se passer de lui, puisqu'il avait bien résisté à toutes les révoltes qui étaient arrivées dans son royaume, tant des places que des provinces, par la fidélité inviolable de ses vieux et petits vieux régiments. Monsieur de Turenne ayant dit à Monsieur le cardinal, que tant que je serais dans l'infanterie et dans les armées, il n'en serait jamais le maître absolu, et qu'il m'en fallait ôter, qu'autrement il ne viendrait pas à bout des armées, et qu'il n'y aurait jamais de sûreté pour lui de s'y retirer, Monsieur le cardinal fut fort aise que Monsieur de Turenne lui eût donné lieu de pouvoir me faire quitter le service, et n'en laissa pas perdre l'occasion. La vérité est que s'il eût été mal avec le Roi, lui, et tout autre général d'armée, quel qu'il eût été, je l'aurais arrêté sur un simple billet de Sa Majesté. Le feu Roi, par l'avis que je lui avais donné, avait mis un vieux et un petit vieux régiment dans toutes les armées qu'il avait, encore qu'il y eût dans ces armées des compagnies de son régiment des gardes ; et où il en fallait deux, il en mettait deux, et il ne faisait cela, que pour avoir des troupes bien affidées pour arrêter les généraux quand ils lui déplairaient ; et pour le faire aisément, Sa Majesté écrivait un billet à un intendant, et à quelque officier d'armée qui n'était pas d'intelligence avec le général. On communiquait ce billet aux commandants des vieilles troupes, on s'en allait chez le général, et on l'arrêtait. On en a vu l'exemple dans les personnes de Messieurs de Bouillon et de Marsillac. Je n'ai jamais pu concevoir d'où pouvait provenir cette aversion que Monsieur de Turenne avait conçue pour moi, car je puis dire que je le croyais mon meilleur ami. Il avait été le premier mestre de camp d'un nouveau régiment, qui en avait commandé un vieux. Il fut couplé avec le régiment de Piedmont, et les deux ne firent qu'un bataillon. Depuis ce temps-là, il avait toujours servi dans l'armée où était le régiment de Piedmont : quand il logeait dans le quartier général, il venait coucher dans mon logis, dînait et soupait avec moi, ne voulant point manger chez les généraux. Du depuis lorsqu'il allait à l'armée, ou qu'il en revenait, il me faisait toujours l'honneur de venir loger chez moi ; en un mot, je faisais fond sur son amitié. J'attribue donc tout ce malheur à l'affaire de Valenciennes, où j'avais dit franchement les choses comme elles étaient, et en ce qu'étant devenu colonel de la cavalerie, il la voulait mettre en un fort haut point, ce qu'il ne pouvait pas faire sans abaisser l'infanterie qu'il prétendait faire obéir à toute la cavalerie, jusques à un simple capitaine de dragons, qu'il voulait faire commander dans une place où le régiment de la Marine était. Ce fut à Furnes que la chose arriva, et ce fut un nommé Clodoré qui refusa d'obéir. Il le fit arrêter, et le fut six semaines durant ; et quand il parlait aux officiers d'infanterie, pour obéir à ceux de la cavalerie, ils lui disaient qu'ils ne devaient pas le faire, et que Monsieur de Puységur leur avait dit qu'ils ne le fissent pas, et cela le fâchait. Tout ce qui lui a été disputé par l'infanterie, a été réglé par le Roi, ainsi que je l'ai écrit dans mon livre. Il me demandait quelquefois, quelle raison j'avais de porter si haut le parti de l'infanterie ? Et je lui répondais, que j'avais l'honneur d'être colonel, et par conséquent officier du colonel de l'infanterie, que je ne voulaïs rien laisser passer au préjudice de sa charge, et que je désirais suivre toujours les anciens ordres, jusques à ce que le Roi en eut fait d'autres.

On peut dire que Monsieur de Turenne s'est un peu trop déclaré contre les vieilles troupes ; on sait bien qu'il a voulu que les régiments marchassent du jour de la commission de leurs mestres de camp, et que les capitaines commandassent à tous les autres, de quelques régiments qu'ils eussent été, du jour de la commission de leur compagnie ; mais le Roi n'a pas voulu se laisser aller à ses persuasions, et les a maintenus, et néanmoins il s'est un peu relâché sur ce sujet : car de tout temps les vieux régiments étaient la récompense des capitaines des petits vieux régiments et des autres. Quand il s'en trouvait quelqu'un qui avait bien servi, on le récompensait en le mettant dans un vieux, parce que les petits vieux pouvaient être cassés, ou réduits à deux compagnies, comme je les ai vus, et les vieux régiments n'étaient jamais au-dessous de vingt compagnies ; même les commissions des capitaines des vieux régiments, n'étaient pas faites comme celles d'aujourd'hui, le Roi n'y faisait pas apposer la clause qu'on y insère à présent, savoir pour être entretenu tant et si longuement que ladite compagnie sera sur pied pour notre service.

Ceux qui liront ces Mémoires, ne seront pas surpris de voir que je n'aie pas fait une fortune plus considérable, puisqu'ils connaîtront par tout ce que j'ai écrit, un peu trop de franchise dans mes discours, et nulle attache pour Monsieur le cardinal, qui était le tout-puissant ; et par conséquent un obstacle invincible à pouvoir parvenir, de quoi je me souciais très peu, lorsque le service du Roi y pouvait être lésé, et auquel je bornais seul toute mon ambition.

Les manières de ce temps-là étaient bien différentes de celles d'à présent, où les ministres et les généraux d'armées n'ont d'autre but que l'intérêt du Roi qui fait tout par lui-même ; car pour lors les ministres aussi bien que beaucoup de généraux, ne cherchaient qu'à se faire un parti, pour se pouvoir maintenir en cas de disgrâce, (ainsi que je l'ai fait voir ci-devant) et dans lesquels je n'ai jamais voulu entrer ; au contraire j'ai toujours beaucoup frondé contre, ne pouvant souffrir que le Roi fût mal servi, le faisant connaître dans toutes les occasions, et enfin le disant hautement. Et si c'est pour toutes ces raisons que j'ai perdu ma fortune, j'en suis très consolé, puisqu'elles n'ont eu pour fondement qu'un véritable attachement, et un excès de zèle et d'affection pour le soutien et la gloire de cette couronne. J'emporte du moins avec moi cette satisfaction, d'avoir servi le feu Roi et celui d'à présent fidèlement, ayant méprisé tous les biens qui m'ont été offerts pour les desservir, et n'ayant pas même voulu profiter de l'état où étaient lors les affaires, pour obtenir des honneurs et des charges, ainsi que beaucoup de gens moins scrupuleux que moi, ont fait ; et l'on peut dire que ce n'est pas tant pour les services qu'ils avaient rendus, que pour la crainte du mal qu'ils pouvaient faire. Cependant Dieu a récompensé ma fidélité, car bien que je me sois trouvé en tant d'occasions périlleuses, l'espace de quarante-cinq ans [1], sans discontinuer, et toujours en guerre, que j'aie vu plus de six-vingts sièges où le canon a tiré, plus de trente combats, batailles ou rencontres, et que j'aie passé par tous les degrés, j'ai eu néanmoins ce bonheur de n'avoir jamais été malade, ni reçu aucune blessure dans les armées.

L'an 1677, j'allai trouver le Roi au siège de Valenciennes et de Cambrai [2], pour lui rendre mes obéissances. Sa Majesté qui m'a toujours donné des marques de sa bonté, me fit la grâce de me promettre une Abbaye [3] que je lui deman-

1. Puységur ayant servi de 1617 à 1658, il faut remplacer *45* ans par *41* ans.

2. Louis XIV partit de Saint-Germain-en-Laye, le 20 février 1677. Ce même jour, ses troupes investirent Valenciennes. Le roi assista, le 17 mars, à la prise de cette ville, et le 5 avril, à la prise de Cambrai.

3. L'abbaye de Saint-Èvre de Toul.

dai pour un de mes enfants [1], et qu'elle m'accorda l'année suivante [2].

1. Claude François de Chastenet de Puységur. Voir sur lui le *Gallia Christiania*, t. XIII, Col. 1684.

2. A proprement parler, ce ne fut pas en 1678, mais à la fin de 1677, car nous lisons dans une lettre du P. de La Chaise à Bussy, du 3 décembre 1677 *Correspondance de Roger de Rabutin*, (t. III, p. 426) : « Quoique je n'aie reçu votre billet, Monsieur, que depuis que le Roi a disposé des abbayes de feu M. de Castelan, donnant la plus grande à M. Daquin pour un de ses enfants, et la plus petite à M. de Puységur, je ne laissai pas de vous proposer à Sa Majesté avant qu'elle en eût disposé. » On conserve au cabinet des titres, dans le dossier déjà plusieurs fois cité, un *Factum*, rédigé en 1688 environ, *pour messire François de Chastenet de Puységur, abbé commendataire de l'abbaye de Saint-Evre ordre de Saint-Benoît et le sieur chevalier de Puységur, son frère, pensionnaire sur la dite abbaye, deffendeurs, contre maître Christophe Harquema, avocat au parlement*, etc.

APPENDICE

I.

Lettre de Jacques de Puységur

« A Monsieur de Puységur, à Puységur ou à Auch. »

E vous écris, Monsieur mon neveu, pour vous dire que, quoique vous ayez fort négligé à me faire savoir de vos nouvelles et de l'état de votre famille de laquelle je porte comme vous le nom et les armes [1], et suis le seul de vos oncles âgé de soixante et dix-neuf ans. Je veux vous faire savoir que Dieu nous a fait connaître un gentilhomme qui porte même nom et mêmes armes que nous et qui descend de quelqu'un de nos aïeux, frère de Nicolas de Chastenet [2], ou enfant de

1. Les armes des Puységur sont celles-ci : d'Azur au chevron d'argent accompagné d'un lion passant de gauche à droite armé lampassé d'or, au chef cousu de gueules.

2. D'après le dossier du cabinet des titres, Nicolas de Chastenet rendit hommage, le 27 janvier 1541, au roi et à la reine de Navarre, comte et comtesse de Fezensac. Il fit son testament le 29 janvier 1548 ; il avait épousé Gerarde ou Geraude de Fossin ou Foussin. Je trouve une mention de Nicolas de Chastenet dans la *Généalogie de la maison de Saint-Géry* dressée d'après les titres originaux par madame la comtesse Marie de Raymond, qui a bien voulu me communiquer son manuscrit : « Le 9 mars 1540, reconnaissance en

ses enfants ; il est présentement colonel d'un régiment étranger qui a toujours servi dans la guerre depuis vingt-cinq ou trente ans et a si bien fait en servant le Roi, qu'il a montré à tout le monde ce qu'il vaut. Le Roi en fait tant de cas, qu'il lui a laissé son régiment de huit compagnies sans y rien réformer et l'envoye en Roussillon où il demeurera jusqu'au temps que le Roi lui donnera un plus grand emploi. Il a si bien servi et Sa Majesté a tellement connu ses services que partout où il l'a détaché avec quatre ou cinq régiments de cavalerie ou plus grand nombre, il n'y a pas envoyé de brigadier ni d'autres personnes au-dessus pour commander le corps qu'on lui avait donné, se confiant fort en lui-même. Dans tous les ordres de bataille qu'on a faits, et dans les combats qui se sont donnés il était toujours à l'aile gauche de la première ou de la seconde ligne, et s'il n'a pas été brigadier ç'a été parce que le Roi a considéré que cela dégoûterait des colonels plus anciens, voyant qu'il commanderait à leur préjudice : tout ce que je vous puis dire, c'est qu'il y a de l'honneur pour vous et pour moi d'avoir un tel parent ; je vous prie de le considérer et estimer comme un des hommes de France qui a plus de mérite. Le Roi et Monsieur de Louvoy en font grand cas, et pour marque de cela, Sa Majesté lui donne pension sur ses menus plaisirs et assurément il peut servir vos enfants, si vous en avez en état de porter les armes, et je suis assuré que quand les occasions s'en présenteront, qu'il ne les laissera point

---

faveur de noble Anthoine de Saint-Géry et Suzanne de Mauléon, mariés seigneur et dame de Magnas, par noble Nicolas de Chastenet, Seigneur de Puységur, de la borde Bouquière en la juridiction de Lectoures avec bois, terres, etc. »

échapper ; je suis sa caution pour cela et vous assure de la vérité de toutes ces choses que je vous mande et que je suis, Monsieur mon neveu, votre très humble et très obéissant serviteur. PUYSÉGUR [1].

A Bernoville le 22 mars 1679.

II.

Lettre du maréchal de Puységur

« *à Monsieur de Puységur, Seigneur de Puységur.* »

MONSIEUR, l'honneur que nous avons de porter votre nom et l'intérêt que nous savons que vous prenez à ce qui nous regarde en ce pays quoique éloigné du vôtre, m'obligent à vous donner avis de la mort de mon père arrivée le cinquième de ce mois en sa terre de Bernoville près de Guise. Vous devez croire la douleur que nous en avons, tant pour le naturel que les enfants doivent au père, que parce qu'il avait fait et acquis beaucoup d'honneur et de considération à sa famille et que Sa Majesté avait en toute rencontre des égards pour lui qui n'étaient pas du commun. Vous êtes, Monsieur, le chef et celui que nous connaissons pour l'aîné de la maison et savons très bien que vous le méritez autant par vos bonnes qualités que par le droit que la nature vous donne. Vous recevrez donc les assurances de nos très humbles services et respects que comme aîné d'ici je vous

1. Archives du château de Beugny. La lettre n'est pas de la main de l'auteur des *Mémoires* : il n'y a mis que sa signature.

offre pour toute la famille que vous devez regarder comme votre seconde puisque sûrement elle ne sortira jamais des pensées qu'elle doit avoir pour un aîné qui le mérite autant que vous. Soyez-en persuadé et que mes sentiments seront toujours sincères et n'auront autre fin que celle de vous faire connaître que l'on ne peut être avec plus de respect que je le suis, Monsieur, votre très humble et très obéissant serviteur et cousin. PUYSÉGUR.

Toute ma famille et moi assurons Mme de Puységur et son illustre famille de nos respects.

A Bernoville le 8 septembre 1682 [1].

III.

Extrait de l'Étude sur les Puységur de M. le Marquis de Blosseville [2].

« Cet heureux don [d'écrire] s'est révélé comme il convient à pareille lignée, par des *Mémoires* fort curieux encore, quoiqu'ils aient eu la malencontre d'être donnés au public par M. du Chesne, conseiller du Roi en ses conseils, historiographe de France : François du Chesne, le fils et le continuateur du célèbre André du Chesne.

» Quelle bonne fortune c'eût été pour les *Mémoires* de messire Jacques de Chastenet, chevalier, seigneur de Puységur, vicomte de Buzancy et d'Aconin, colonel du régiment de Piedmont, et lieutenant général des

1. Archives du château de Beugny. Autographe.
2. *Les Puységur. Leurs œuvres de littérature, d'économie politique et de science. Étude par le Marquis de* BLOSSEVILLE, (avec cette épigraphe qui est la devise des Puységur : *Spes mea Deus*). Paris, 1873, petit in-8°, p. 3.

armées du Roi sous les règnes de Louis XIII et de Louis XIV ; quelle bonne fortune d'échapper à cette censure dénuée de goût, substituant presque partout un style sans couleur à une originalité primesautière [1] ! Combien n'eût-il pas mieux valu dormir un siècle et demi dans les archives de Buzancy qu'ont épargnées les révolutions ! Encore si MM. les historiographes brevetés avaient sauvé au fond de quelque carton les originaux qu'ils décoloraient sous prétexte de leur donner de la couleur et de les accommoder au beau langage !

» Enfin, quoique le grattoir de l'arrangeur ait trop souvent passé par là, François du Chesne n'a pu si mal faire qu'il ne soit arrivé jusqu'à nous des fragments de récits heureusement inspirés par une verve toute méridionale, des traits de caractère encore bien accentués, et des anecdotes dont l'histoire peut faire son profit.

» Mais c'est assez payer tribut à une mauvaise humeur trop légitime.

» L'authenticité des Mémoires de Puységur a été contestée sans qu'il ait d'ailleurs été produit des commencements de preuves, ou seulement des probabilités à l'appui de cette négation. Il suffit de les lire tout défigurés qu'ils sont, pour reconnaître à certains détails intimes que le doute n'est pas permis. Le personnage se soutient trop bien, et l'éditeur a trop peu d'imagination pour pouvoir être suspect d'invention.

1. A la vive et spirituelle tirade de M. de Blosseville contre François du Chesne, on peut répondre que rien ne démontre la culpabilité de l'éditeur. M. de Blosseville, accablant du Chesne sans avoir en mains le moindre témoignage en faveur de sa conjecture, me rappelle ce juge du bon vieux temps qui, n'ayant pas même interrogé l'accusé que l'on amenait devant lui, s'écriait : Qu'on le pende !

» Les Mémoires de Puységur embrassent une période de quarante et une années, de 1617 où, septième de quatorze enfants, il *quitta les chausses* de page de M. de Guise pour entrer dans les gardes par la protection du duc d'Espernon, son parent, jusqu'en 1658, où il se retira dans sa vicomté de Buzancy, en Soissonnais, après avoir, dans quarante-trois campagnes, payé de sa personne en trente combats et plus de cent vingt sièges où le canon avait tiré. Il y aurait certes de l'intérêt à retracer cette longue carrière militaire que rien n'interrompit, ni maladie, ni blessure, à peine deux captivités ; mais il faut savoir résister à une tentation qui l'emportera plus d'une fois peut-être dans la suite de ces aperçus. Ce n'est point ici un résumé biographique, ce sont des Mémoires, c'est un auteur de Mémoires à faire apprécier.

» Puységur se peint dans plus d'un récit. Mêlé à tant de personnages historiques qui passaient avec une merveilleuse facilité d'un parti à un autre, non sans esprit de retours suivis d'infidélité nouvelle, il fut par une rare exception toujours tout d'une pièce, toujours du parti du Roi, situation à part qui donne aux Mémoires une physionomie particulière. On est tout étonné de voir Louis XIII autrement traité que par la plupart des écrits du temps. Romanciers, auteurs dramatiques, historiens de nos jours qui ont voulu peindre ce monarque si effacé entre son père et son fils, le règne des petites choses entre deux grands règnes, époque cependant d'un vif intérêt parce qu'elle ne ressemble à aucune autre ; ces écrivains, disons-nous, qui sauf Bazin seul, ont étudié vite, auraient été heureusement inspirés s'ils avaient mis à contribution les Mémoires de Puységur. Ils y auraient rencontré des anecdotes sur les habitudes du Roi, de ces détails qui ne s'inventent pas, et où se reconnaît un caractère. Peut-être faut-il cependant excepter Alexandre Dumas, ou plutôt ses dégrossisseurs, car quelques scènes des *Trois mousquetaires* ont un grand air de famille avec certaines pages des *Mémoires*, avec un récit surtout du siège de Montpellier.

» Puységur aime à citer des paroles textuelles, et les dits des personnages historiques qu'il eut pour interlocuteurs sont bien dans la mesure de l'homme de guerre ou de l'homme d'État qu'il met en scène.

» Il nous introduit presque familièrement jusque dans la ruelle royale, et nous fait assister à des audiences secrètes. Il montre Louis XIII en accès de goutte, et entre autres anecdotes, il en est une assez bizarre où nous voyons le Roi gravir péniblement la brèche d'une place conquise pour faire, sur le haut de cette brèche, La Meilleraye maréchal de France. Le tableau est tout esquissé : Louis XIII, pris sous les aisselles par le Grand-Maître, appuie de la main gauche sur l'épaule de Puységur, de l'autre sur celle de Lambert, et se tourne pour prendre la canne de Puységur qu'il remet à La Meilleraye en guise de bâton de maréchal.

» La Reine mère, Richelieu et Mazarin passent sous nos yeux, chacun tel que l'histoire l'a jugé. Puységur ne prétend pas en donner les portraits, mais ses récits sont tout à fait conformes dans leur témoignage purement anecdotique à la vérité historique aujourd'hui acceptée.

» L'auteur des Mémoires aimait Condé, et n'était pas aimé de Turenne. Ces sentiments intimes n'altèrent pas la justice de ses appréciations. Il portait aussi grande affection au comte d'Harcourt.

» Les anecdotes fourmillent dans ces récits, et sinon les portraits au moins des traits de caractère qui méritent d'être recueillis. Le duc de Bouillon, le comte de Soissons, Bassompierre, Ornano, Cinq-Mars, Créquy, La Force, Rantzau, le cardinal de la Valette, Gassion, le comte de Guiche, tout ce qui brillait alors, et beaucoup d'astres secondaires, ont leur place dans ces souvenirs.

» Parmi les personnages illustres qui passent tour à tour sous nos yeux, deux maréchaux de France ont porté la tête sur l'échafaud, Marillac, confié à la garde de Puységur, Montmorency à celle de Campseguet, tristes missions échues à deux frères qui eurent l'un et l'autre le mérite de résister aux offres les plus lucratives pour l'évasion de leurs prisonniers, à une époque où ces capitulations de conscience n'étaient pas rares.

» Nulle part nous n'avons lu un récit plus touchant des dernières heures de Montmorency.

» Il est inutile de chercher à donner ici une idée du style des Mémoires puisqu'ils ont été de gaieté de cœur dépouillés de style, mais il faut signaler chez eux un mérite qu'ils ne partagent guère avec leurs contemporains.

» Puységur, homme du métier, ayant passé activement par tous les grades, même par ceux que nous ne connaissons plus, d'anspessade par exemple et de sergent de bataille, ne dédaignait aucun détail de la vie des camps, aucune partie de l'art de la guerre. Il décrit bien les sites, et sans donner une importance exagérée au savoir des petites choses, il parsème ses récits de menus détails qui initient le lecteur à des mœurs militaires si différentes de celles de nos jours.

» Il y a dans ces Mémoires des révélations fort curieuses sur l'abus des pendaisons après la prise des places, sur les sièges si meurtriers alors, et sur les passages des montagnes. Le prix des objets nécessaires y tient quelquefois sa place ainsi que les habitudes soldatesques. Ils sont particulièrement instructifs sur l'état des prisonniers de guerre et sur l'extrême abus du système ruineux des rançons.

» Puységur aimait trop la carrière qu'il avait parcourue avec honneur pour ne pas vouloir léguer aux tacticiens les fruits de son expérience. Les *Mémoires* se terminent par des *Instructions militaires* en dix-sept chapitres très serrés, dont l'actualité a dès longtemps disparu, mais qui ont fait autorité. Là était en germe un grand ouvrage qui va bientôt trouver sa place dans ces appréciations.

» Ces instructions ont-elles été livrées pour la première fois à la presse au moment de la publication des Mémoires, ou bien ne sont-elles qu'une reproduction ? Cette question naît de la préface de l'éditeur qui s'appuie sur une lettre de Louvois remerciant, en 1657, Puységur de l'hommage d'un *exemplaire* d'un livre qu'il avait destiné pour peu de personnes. C'était, selon du Chesne qui n'entre en aucune autre explication, un *Traité de l'Art militaire* que le dit sieur de Puységur avait dédié au roi [1].

1. Pour moi, comme on l'a déjà vu dans une note de la *Préface*, le *Traité de l'Art militaire* mentionné par Du Chesne n'est autre chose que les *Instructions militaires* offertes en manuscrit à Louis XIII, offertes encore en manuscrit, dix-sept ans plus tard, à Louvois (une copie a parfaitement pu recevoir le nom d'*exemplaire*, comme le prouve une phrase de *l'Histoire universelle* de Bossuet, même le nom de *livre*, car M. Littré définit ainsi le livre : *réunion de plusieurs cahiers de pages manuscrites ou imprimées*), et publiées pour la première fois en 1690.

» Aucune dédicace ne précédant les *Instructions*, tout est livré aux conjectures.

» Ces mots *exemplaire* et surtout *livre* semblent indiquer plutôt un imprimé qu'un manuscrit ; mais 'imprimé, dont l'existence semble peu douteuse est introuvable aujourd'hui. Il paraît que les instructions avaient été présentées à Louis XIII après le siège d'Arras, en 1640. On peut le citer comme l'un des plus anciens ouvrages techniques d'art militaire écrits en langue française.

» C'est en 1690, huit ans après la mort de l'auteur, que les *Mémoires* ont été publiés. Il en parut la même année une contrefaçon hollandaise en caractères elzéviriens, devenue fort rare.

» Une seconde édition porte la date de 1747. Nous ne savons plus quel bibliographe n'a voulu y voir qu'un nouveau titre imprimé pour rajeunir les restes de la première. Cette supposition peu charitable provient peut-être du soin pris par l'éditeur de reproduire si littéralement les *Mémoires* que chaque page des deux éditions se termine par le même mot, mais il suffit d'un rapide examen pour reconnaître que toutes les fautes d'impression signalées dans l'*errata* de 1690, ont été soigneusement corrigées en 1747. Chaque édition d'ailleurs se divise en deux volumes ; pour la première le tome second commence à la page 309 ; dans la deuxième, chaque tome a sa pagination séparée.

» Une édition nouvelle devait paraître dans la bibliothèque elzévirienne de M. P. Jannet, publication malheureusement interrompue. La révision, les annotations et la notice étaient confiées à M. C. Moreau, qui possédait mieux que personne cette époque historique.

» Le travail préparatoire était fort avancé, et ce n'était pas peu de chose, tant François du Chesne avait négligé de redresser les noms d'hommes trop souvent défigurés dans la plupart des Mémoires originaux de ce temps ; mais dans ceux-là plus que partout ailleurs, on avait abusé de ce prétendu axiome que les noms propres n'ont pas d'orthographe. Il faut espérer que les savantes et consciencieuses études de M. C. Moreau ne seront pas perdues [1]. »

1. Nul plus que moi ne regrette que M. Moreau n'ait pas donné l'édition des *Mémoires* de Puységur à laquelle M. de Blosseville prodiguait d'avance de si légitimes éloges. L'éditeur des *Mémoires* de Balthazar, de Campion, de Mme de la Guette, etc. est un de ces glorieux vétérans à qui l'on succède, mais que l'on ne remplace pas.

TABLE DES MATIÈRES.

A LA MÊME LIBRAIRIE

COLLECTION DE PETITS MÉMOIRES

SUR L'HISTOIRE DE FRANCE.

Publiés sous la direction de M. MARIUS SEPET.

Vol. gr. in-18 jésus, titre rouge et noir. Prix de chaque vol., 3 fr.

Vie et Vertus de Saint Louis, *d'après Guillaume de Nangis et le confesseur de la reine Marguerite,* texte établi par M. René de LESPINASSE, ancien élève de l'Ecole des chartes. 1 vol.

Les derniers Carolingiens, *d'après le moine Richer et d'autres sources originales,* texte traduit et établi par M. Ernest BABELON, ancien élève de l'Ecole des chartes. 1 vol.

La Chronique de messire Bertrand Du Guesclin, connétable de France, texte établi par M. Gabriel RICHOU, ancien élève de l'Ecole des chartes. 1 vol.

Louis II de la Trémoille, ou **Le Chevalier sans reproche,** *d'après le panégyrique de Jean Bouchet et d'autres documents contemporains,* par L. SANDRET. 1 vol.

Anne d'Autriche et la Fronde, d'après les Mémoires de Mme de Motteville, texte établi par M. CHAPOY. 1 vol.

Histoire du Bon Chevalier Bayart, d'après le Loyal Serviteur et d'autres auteurs contemporains, texte établi par M. J. ROMAN. 1 vol.

Les guerres du règne de Louis XIII et de la Minorité de Louis XIV, Mémoires de Jacques de Chastenet, Seigneur de Puységur, publiés et annotés par M. TAMIZEY DE LARROQUE. 2 vol.

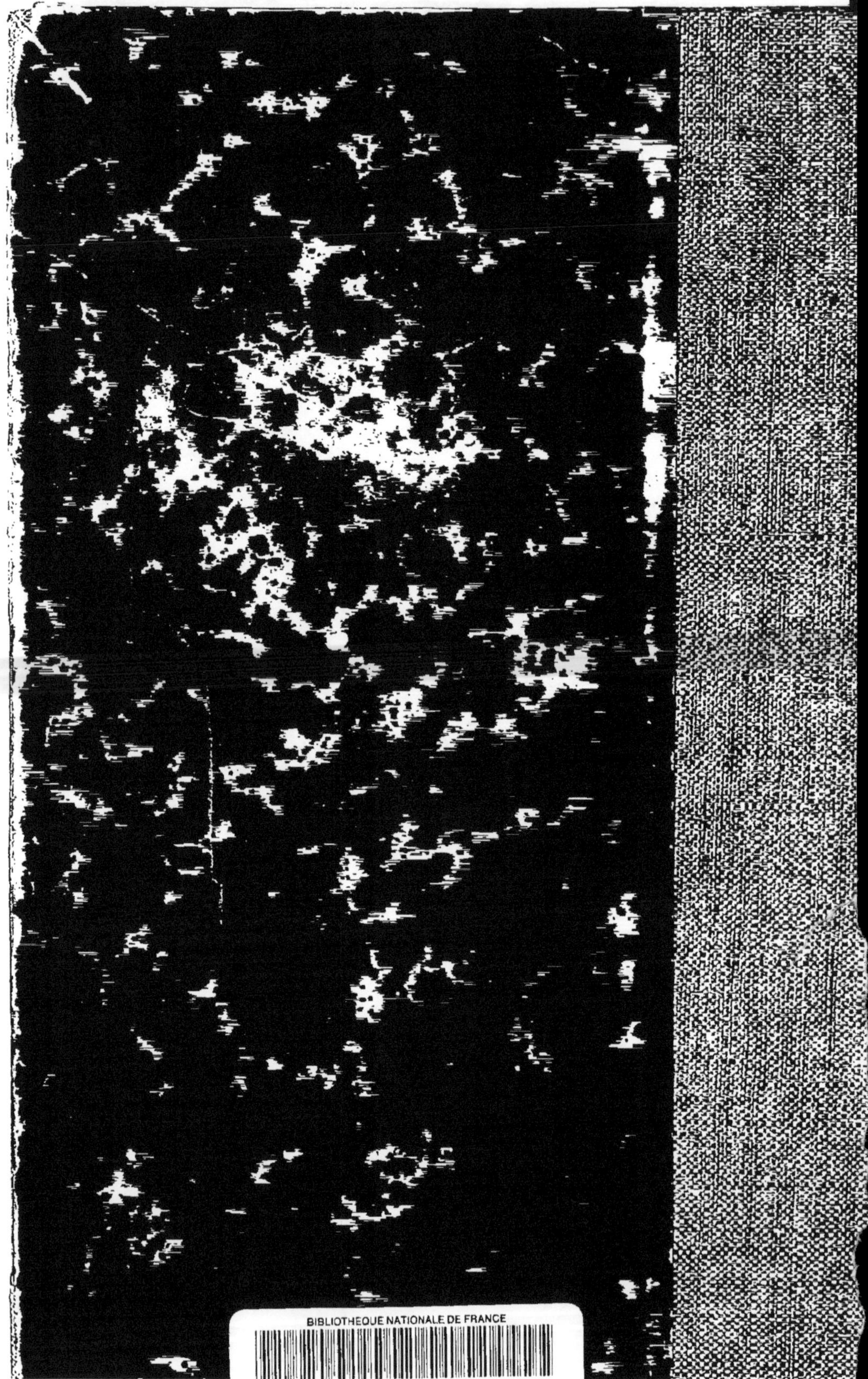
BIBLIOTHEQUE NATIONALE DE FRANCE